■ 酒店餐饮经营管理服务系列教材

ZHONGXICAN FUWU ZHISHI YU FUWU JINENG

中西餐服务知识与服务技能

刘 敏 编著

北京·旅游教育出版社

酒店餐饮经营管理服务系列教材编写委员会

主 任 委 员：杨卫武

副主任委员：郝影利　李勇平

委员（以下按姓氏笔画排列）：

李双琦　李晓云　刘　敏　陈　思　余　杨
龚韻笙　贺学良　黄　崎　曹红蕾

总 序

中国的酒店管理教育已经走过了三十多个年头。三十多年，对于人生而言，可以讲已逾而立之年、已经走入成熟。然而，对酒店管理专业的发展而言，这么短的时间恐怕仅仅只能孕育学科的胚胎、萌芽。所幸的是，这三十多年不同于历史进程中一般的三十多年，这三十多年来，我们一直在探索着前进的方向该如何去定，脚下的路该怎么走。由此，我们的视野得以扩展，我们的信心得以强化，我们的步伐得以加快。

"酒店餐饮经营管理服务系列教材"就是在这样的背景下，步入了人们的视野。三十多年来，中国的酒店管理教育得到了长足的发展，但令人遗憾的是，长期以来，在课堂上讲课时，授课者能够使用的餐饮管理教材，往往以"饭店餐饮管理"的名称，将专业化程度很高的所有餐饮具体业务，在一本教材里"包圆"了。随着餐饮专业化程度越来越细、深度越来越深，一本教材包打天下的局面已经难以为继，我们这套"酒店餐饮经营管理服务系列教材"应运而生。整套教材计划出书共十五本左右，其涉及的面紧扣三大类主题：餐饮知识与技能类教材、餐饮运行与管理类教材、餐饮经营与法规类教材，力求将酒店餐饮方面的主要业务囊括进去。这套教材的层次定位为如下几个方向：高校酒店管理专业本科学生用书、高职高专学生用书、酒店行业员工在岗在职培训用书，同时，本教材也可作为餐旅专业高等教育的专业用书，及高等教育自学考试的教材。

本系列教材作为中国酒店教育餐饮类的细分教材，无疑是一种尝试，难免存在局限性，恳请广大专家、教师同行和其他读者提出宝贵意见，以便通过修订，使之更趋完善。

酒店餐饮经营管理服务系列教材
编写委员会

前言

　　本教材是针对饭店餐饮服务人员的实际工作需要,从提高饭店餐厅服务人员的实践技能出发,进行构思、设计和编写的,对高职高专院校饭店管理与服务专业的学生进行餐厅服务技能的强化训练具有一定的实用价值。

　　本教材注重内容的实用性和方法的可操作性。本书的宗旨是培养学生的职业素质与职业能力,遵循学生的认知规律性,增强教学内容的实用性,方便教学效果的检查与评估,在每章后附有思考与练习题。

　　在本书的编写过程中,参阅了国内行业的有关教材及相关行业网站(参考文献见书后),在此谨向有关文献的编著者表示感谢。同时,我也由衷感谢上海旅游高等专科学校李勇平老师的精心指导和热情的帮助,编者所在院校的同事也给予了热情的帮助,在此一并表示感谢。

　　由于编者本人的学识及能力有限,书中问题及不足在所难免,欢迎专家、同行、读者不吝赐教。

编者

目录

第一章　概　述 ··· 1
　第一节　餐厅 ··· 1
　第二节　服务员 ··· 3
　第三节　餐饮服务员培训 ·· 14

第二章　餐厅服务技能 ··· 19
　第一节　托盘 ··· 19
　第二节　摆台 ··· 23
　第三节　斟酒 ··· 40
　第四节　点菜 ··· 48
　第五节　上菜 ··· 52
　第六节　派菜 ··· 64
　第七节　餐巾折花 ··· 67

第三章　餐厅零点服务 ··· 99
　第一节　中餐零点服务 ··· 99
　第二节　西餐零点服务 ··· 105
　第三节　客房送餐服务 ··· 116

第四章　宴会服务 ··· 119
　第一节　宴会 ··· 119
　第二节　中餐宴会服务 ··· 128
　第三节　西餐宴会服务 ··· 136
　第四节　其他类型宴会服务 ··· 140

附录　综合项目练习 …………………………………………………… 147

主要参考书目及网站 …………………………………………………… 162

第一章 概述

> **学习目标**
>
> 通过本章学习,应达到以下目标:
> **知识目标**:了解餐厅的分类以及服务员的基本素质。
> **技能目标**:掌握餐厅服务员的接待技能。
> **能力目标**:掌握礼貌用语在餐厅服务中的运用。

第一节 餐厅

餐厅是指在一定的场所,公开地向一般大众提供食品、饮料等餐饮产品和服务的设施或公共餐饮屋。在餐饮行业中,餐厅的形式是很重要的,因为餐厅的形式不仅体现餐厅的规模、格调,而且还体现餐厅经营特色和服务特色。

在我国,餐厅大致可分为中式餐厅和西式餐厅两大类,根据餐厅服务内容,又可细分为宴会厅、快餐厅、零点餐厅和自助餐厅等。

一、中式餐厅

中式餐厅是提供中式菜点、饮料和服务的餐厅。我国是一个幅员辽阔、民族众多的国家。由于各地的物产、气候、风俗习惯的不同,长期以来逐渐形成了许多菜系和地方风味特色。因此各地经营的中餐厅也颇具地方特色。近几年,随着各地饮食文化的相互交流,各种风味的中餐厅竞相出现,又形成了一种新的局面。

不同种类的餐厅具有不同的功能,常见的中餐厅有以下几种。

(一)中式宴会厅(多功能厅)

中式宴会厅(多功能厅)是指餐厅中面积最大、设备设施最齐全的大型厅堂,可容纳 1000 人以上。它可用活动门将大厅分隔成若干小厅,既可作大型餐宴、酒宴、茶会的场所,又可用作大型国际会议、大型展销会、节日活动的场所。

（二）零点餐厅

零点餐厅主要是为散客服务的。餐厅借助菜单向客人推荐餐饮产品和服务，服务方式为规范化服务。除了旺季，在此用餐是不需要事先预订座位的，宾客通常是随到随吃。零点餐厅的装饰比较简洁明快，配置的各种设备、器皿都较实用，环境舒适，并且具有时代的特点。在此用餐，气氛比较轻松，具有家庭式的氛围，就餐者一般不会因为环境的压力而造成拘谨。

（三）快餐厅

由于现今生活节奏加快，许多人平时在就餐上不愿意花太多的时间，而快餐厅可以满足这部分宾客的需求。快餐厅的内部装潢清洁而明快，餐饮都是事先准备好的，以保证能迅速提供给宾客。同时，快餐厅供应的餐饮质量稳定、清洁卫生、价格低廉、分量充足。

（四）自助餐厅

这是一种方便餐厅，主要特点是方便、简单、宾客可以自助就餐。供应的食品分类放置。宾客凭券进入餐厅后可自由选食；也有的自助餐厅宾客入厅后自由选食，然后按价付款。食品不得带出餐厅。

（五）风味餐厅

风味餐厅是指为宾客提供不同地域特色和风味的菜肴或海鲜、烧烤及火锅等的餐厅。

（六）风味小吃餐厅

风味小吃餐厅是指主要提供各地糕点、小吃等风味食品的餐厅。

（七）歌舞餐厅

歌舞餐厅是既供应中西餐、酒水、小食品，又提供音乐欣赏、伴唱、跳舞等活动的餐厅。

二、西餐厅

西餐厅是向宾客提供西式菜式、饮料及服务的餐厅。西餐主要分为美式、法式和俄式，其中，以法式最为著名。

（一）扒房

扒房是为高消费水准的宾客提供扒烤类食品和名酒的餐厅。室内设计、装饰、色彩、灯光、食品、服务等都很讲究。扒房主要供应牛扒、羊扒、猪扒、西餐大菜、特餐。同时还可举办西餐宴会等。

（二）咖啡厅

咖啡厅是以供应饮料、咖啡为主，兼供小吃及西餐、快餐的餐厅。通常是宾客即来即食，供应快捷。咖啡厅营业时间较长，一般从早晨6时到深夜1时。

(三)西餐厅

西餐厅是指社会上专供西餐的餐厅,有异国情调,菜肴上追求适合国内消费者口味,服务是西式服务,一般讲究风味特色,如法式、欧美式、俄式、意大利式等。

(四)酒吧

这是专供宾客饮酒小憩的地方,酒柜里陈列着琳琅满目的酒水,显得豪华、丰富。

三、其他餐厅

日本料理、韩国料理、花园餐厅、旋转餐厅、快餐厅和团体餐厅等。

第二节　服务员

人们走进餐厅,总希望吃到可口的饭菜,享受到热情周到的服务,通过就餐活动得到一种身心的愉悦和满足,而这一切的实现,不仅要靠菜肴的质量,还要靠服务员的优质服务。

一、服务员的能力要求

(一)驾驭自如的语言能力

语言是饭店服务员与宾客建立良好关系、留下深刻印象的重要工具和途径。语言不仅是交际、表达的工具,它还反映、传达出饭店的企业文化、员工的精神状态等辅助信息。饭店服务员的语言能力的运用主要体现在以下几个方面。

1. 语气

饭店服务员在表达时,要注意语气的自然流畅、和蔼可亲,在语速上保持匀速,任何时候都要心平气和,礼貌有加。

2. 语法

语法运用要正确,主要指语句成分的结构搭配准确无误,如句子成分的搭配准确,词性没有被误用等。

3. 逻辑

逻辑正确指语句的因果关系、递进关系等的正确使用。这是语言表达中一个非常重要的方面,逻辑不清或错误的句子很容易被宾客误解。

4. 身体语言

身体语言在表达中起着非常重要的作用,在人际交往中,身体语言的重要程度甚至可能超过语言本身。饭店服务员在进行语言表达时,应当恰当地使用身体语言,使语言与身体语言运用协调、得当,营造出让宾客感到易于接受和满意的气氛。

5. 表达时机和表达对象

饭店服务员应当根据宾客需要的服务项目、饭店的地点、宾客的身份、宾客的心理状态等具体情况采用适当得体的语言进行表达。

(二) 牢牢吸引宾客的交际能力

人际交往所产生的魅力是非常强大的,它可以使宾客对饭店服务员及饭店产生非常深刻的印象,而良好的交际能力则是饭店服务员餐饮服务的重要基础。

1. 饭店服务员在餐饮服务中,首先应把宾客当作"熟悉的陌生人"

尽管每一位第一次光顾饭店的宾客对于饭店服务员都是陌生的,但在餐饮服务时,却要把宾客当作已经相处很长时间的老朋友来看待。这样,饭店服务员在提供服务时,便会摆脱机械式的客套和被动地应付,使宾客感觉到一种自然但又真心诚意的礼遇。

2. 给宾客留下美好的第一印象

第一印象对人际交往的建立和维持是非常重要的,给人的记忆常常最深。而仪表、仪态的优美,真诚的微笑,无微不至的礼貌则是给宾客留下美好第一印象的关键。

3. 人际关系的建立还应当有始有终,持之以恒

每一个酒店服务员都应当持之以恒地与宾客建立良好的人际关系,不能因自己一时的失误和思考的不周而使宾客感到怠慢甚至迁怒于饭店,从而断送自己以及其他员工与宾客所建立的良好人际关系。

(三) 敏锐的观察能力

观察能力就在于善于想宾客之所想,设身处地为宾客着想,在宾客开口提出要求之前将服务及时、妥帖地送到。酒店服务员敏锐的观察能力主要体现在以下方面。

1. 善于观察宾客身份、外貌

宾客是千差万别的,不同年龄、不同性别、不同职业的宾客对服务的需求也是不同的。宾客在不同的场合、不同的状态下,需求也是不一样的。

2. 善于领会宾客语言,从中捕捉宾客的服务需求

酒店服务员要善于从与宾客的对话、宾客之间的交谈、宾客的自言自语中,辨别出宾客的心理状态、喜好、兴趣及感到不够满意的地方。

3. 善于体察宾客的情绪

过分的殷勤,只会使宾客感到心理上的压力。所以,既要使宾客感到酒店服务员的服务无处不在,又要使宾客感到轻松自如,这样才能使宾客感到自由空间被尊重同时,又时时能体会到酒店服务员的关切。

4. 善于体察宾客的心理状态

宾客的心理会微妙地体现在其言谈举止中,酒店服务员在领会那些有声的语言的同时,还要注意通过宾客的行为、动作、仪态等无声的语言来揣度宾客细微的心理变化。

(四)深刻的记忆能力

1. 深刻的记忆能力可以产生的作用

(1)帮助服务员及时、准确地提供宾客所需要的服务

①提供及时的资讯服务

在饭店服务中,宾客常常会向酒店服务员提出关于酒店服务项目、服务设施、特色菜肴、烟酒茶、点心的价格特点或周边的城市交通、旅游等方面的问题,此时酒店服务员就要靠自己平时有目的地积累的知识和经验来为宾客解答,使宾客及时获得自己所需要的各种信息。

②实体性的延时服务

宾客有时会对酒店服务员有一些托付,在这些服务要求的提出到得到满足之间有一个或长或短的时间差,这就需要酒店服务员牢牢地记住宾客所需的服务,并在稍后及时、准确地予以满足,避免拖延或遗忘而引起宾客的不满。

(2)使酒店服务员提供的服务准确规范,不出差错

针对饭店中各部门的服务工作已经形成了相对固定和成熟的服务程序和服务规范,只有严格地遵照这些服务要求,饭店服务工作才会做得完美得当。这就需要酒店服务员牢记较为复杂的服务规范,在这个基础上才能谈得上在服务中娴熟自如地运用。

(3)使饭店的服务资源能够得到最大程度的利用

饭店相对复杂的服务设施的分布、特色对于初来乍到的宾客来说,是比较陌生的。但作为酒店服务员却应当对这些服务设施了如指掌,在宾客需要的时候,酒店服务员就可以如数家珍地一一加以介绍,从而使饭店的服务资源能够尽快地为宾客所了解和利用。

(4)使宾客能够得到个性化的、有针对性的周到服务

宾客是一个异常复杂的群体,他们的喜好、个性特点等是千差万别的,因此饭店对于宾客所提供的服务也是因人而异的,这就需要酒店服务员对宾客的情况有一定程度的了解。当宾客再次光临酒店或第二次消费同一项目时,便可以根据自己的记忆迅速地把握宾客的特征,从而为宾客提供更有效、更有针对性的服务。

(5)使宾客因被饭店记得而感到自己受重视和被尊重

如果一位宾客的姓名、籍贯、职业、性格、兴趣爱好、饮食习惯等被酒店服务员记住,并在与宾客的交往中能够被酒店服务员恰当地表现出来,宾客将会感到受尊重、被重视,从中感受到自己存在的意义与价值,这有助于宾客对酒店产生相当好的印象。

2. 常用的记忆方法

(1)重复式的强化记忆

记忆是多次重复不断强化脑神经细胞的结果。一般来说,重复记忆的次数越多,就越容易记住。这就要求酒店服务员不仅在平时服务中记忆,在休息或待命状态时,也要不断地重复强化。

(2)理解式的记忆

当一样东西被理解了之后,记忆就深刻。所以,对那些一时难以记住的复杂事物,可以先弄清楚原理和形成原因,搞清楚了,就容易记了。

(3)特征式的记忆

当人们把握了某一事物的特点时,记忆就会比较深刻。例如一位宾客的鼻梁比较高,或者像某个认识的人,这位宾客的其他附属特征就容易被顺带地记住。

(4)实践中的校错记忆

有些东西并不是一下子就能记住的,而是需要与实践结合起来。通过实际操作几次,再对照服务程序、规范,看看自己哪些与之不相符合,然后再校正过来,这样的记忆就比较深刻。

(五)灵活机智的应变能力

灵活机智的应变能力,对酒店服务员而言,主要体现在对突发事件的处理上。遇到突发事件,酒店服务员应当做到以下三点。

(1)迅速了解矛盾产生的原因,宾客的动机,并善意地加以疏导。

(2)用克制与礼貌的方式劝说宾客心平气和地商量解决,这样的态度常常是使宾客愤愤之情得以平息的"镇静剂"。

(3)尽快采取各种方法使矛盾迅速得到解决,使宾客得到较满意的答复。并尽量使事态控制在最小的范围内,在其他宾客面前树立酒店坦诚、大度、友好的服务形象。

二、服务员仪容仪表

(一)总体要求

容貌端正,举止大方;端庄稳重,不卑不亢;

态度和蔼,待人诚恳;服饰庄重,整洁挺括;

打扮得体,淡妆素抹;训练有素,言行恰当。

(二)容貌

表情明朗、面带微笑,亲切和善、端庄大方。具体应注意以下几点。

(1)头发梳理整洁,前不遮眉,后不过领。男服务员不得留鬓角、胡须;女服务员如留长发,应用统一样式发卡把头发盘起,不擦浓味发油,发型美观大方。

(2) 按饭店要求,上班不佩戴项链、手镯、戒指、耳环等贵重饰物。

(3) 不留长指甲,不涂指甲油和浓妆艳抹,要淡妆上岗。

(4) 男服务员坚持每天刮胡子。

(三) 着装

(1) 着规定工作服,洗涤干净,熨烫平整,纽扣要齐全扣好,不得卷起袖子。

(2) 领带、领花系戴端正,佩戴工号牌(戴在左胸前)。

(3) 鞋袜整齐,穿饭店指定鞋,袜口不宜低于裤、裙脚(穿裙子时,要穿肉色丝袜)。

(四) 个人卫生

(1) 做到"四勤",即勤洗手、洗澡,勤理发、修面,勤换洗衣服,勤修剪指甲。

(2) 班前不吃生葱、生蒜等有浓烈异味的食品。

(五) 仪容仪表

服务员每日上班前要检查自己的仪容仪表。不要在餐厅有宾客的地方照镜子、化妆和梳头,整理仪表要到指定的工作间。

(六) 站立服务

站立要自然大方,位置适当,姿势端正,双目平视,面带笑容。女服务员两手交叉放在脐下,右手放在左手上,以保持随时可以提供服务的姿态。男服务员站立时,双脚与肩同宽,左手握右手背在腰部以下。不准双手叉在腰间、抱在胸前,站立时不背靠旁倚或前扶他物。

(七) 行走

步子要轻而稳,步幅不能过大,要潇洒自然、舒展大方,眼睛要平视前方或宾客。不能与宾客抢道穿行,因工作需要必须超越宾客时,要礼貌致歉,遇到宾客要点头致意,并说"您早"、"您好"等礼貌用语。在饭店内行走,一般靠右侧(不走中间),行走时尽可能保持直线前进。遇有急事,可加快步伐,但不可慌张奔跑。

(八) 手势

手势要正规、得体、适度、手掌向上。打请姿时一定要按规范要求,五指自然并拢,将手臂伸出,掌心向上。不同的请姿用不同的方式,如表示"请进餐厅"时用曲臂式,表示指点方向时用直臂式。在服务中表示"请"用横摆式,表示"请宾客入座"用斜式。

(九) 服务员应做到"三轻"

"三轻"即说话轻、走路轻、操作轻。

递茶、上菜、撤菜、上饭时要轻拿轻放,动作要有条不紊;开、关门不要用力过猛,要始终保持餐厅安静。

(十) 服务员的举止

在宾客面前不可交头接耳、指手画脚,也不可有抓头、搔痒、挖耳朵等一些小动作,要举止得体。

(十一) 服务员为宾客服务时应做到"四要"、"四不要"

(1)一要面带微笑,和颜悦色,给人以亲切感。

不要面孔冷漠,表情呆板,给宾客以不受重视感。

(2)二要坦诚待客,不卑不亢,给人以真诚感。

不要诚惶诚恐,唯唯诺诺,给人以虚伪感。

(3)三要沉着稳重,给人以镇定感。

不要慌手慌脚,给宾客以毛躁感。

(4)四要神色坦然,轻松自信,给人以宽慰感。

不要双眉紧锁,满面愁云,给宾客以负重感。

(十二) 服务中递交物品

服务中递交物品应站立,双手递交,态度谦逊,不得随便将物品扔给或推给宾客。

三、餐厅服务中的礼貌用语

礼貌用语要做到"七声"、"十字"。

"七声"即问候声、征询声、感谢声、道歉声、应答声、祝福声、送别声;

"十字"即您好、请、谢谢、对不起、再见。

(一) 问候声

(1)"先生(小姐)您好! 欢迎光临。"

"中午(晚上)好,欢迎光临!"

"欢迎您来这里进餐!"

"欢迎您! 一共几位? 请这里坐。"

(2)"请问先生(小姐)有预订吗? 是×号房间(几号桌)。"

(3)"请跟我来。"

"请这边走。"

(二) 征询声

(1)"先生(小姐),您坐这里可以吗?"

(2)"请问先生(小姐),现在可以点菜了吗?"

"这是菜单,请您点菜!"

(3)"请问先生(小姐)喜欢用点什么酒水(饮料)? 我们这里有……"

(4)"对不起,我没听清您的话,您再说一遍好吗?"

(5)"请问先生(小姐)喜欢吃点什么? 我们今天新推出……(我们的特色菜有……)"

(6)"请问,先生还需要点什么?"
"您用些……好吗?"
(7)"请问先生(小姐)现在可以上菜了吗?"
(8)"请问先生(小姐),我把这个菜换成小盘可以吗?"
"请问,可以撤掉这个盘子吗?"
(9)"请问先生(小姐),上一个水果拼盘吗? 我们这里水果有……"
(10)"您吃得好吗?"
"您觉得满意吗?"
"您还有别的吩咐吗?"
(11)"现在可以为您结账吗?"

(三)感谢声
(1)"感谢您的意见(建议),我们一定改正!"
(2)"谢谢您的帮助!"
(3)"谢谢您的光临!"
(4)"谢谢您的提醒!"
(5)"谢谢您的鼓励,我们还会努力!"

(四)道歉声
(1)"真对不起,这个菜需要时间,请您多等一会儿好吗?"
(2)"对不起,让您久等了,这是××菜。"
(3)"真是抱歉,耽误了您很长时间!"
(4)"对不起,这个菜品刚刚卖完,××菜和它的口味、用料基本相似。"
(5)"对不起,我把你的菜上错了!"
(6)"实在对不起,我们重新为您做一下好吗?"
(7)"对不起,请稍等,马上就好!"
(8)"对不起,打扰一下!"
(9)"实在对不起,弄脏您的衣服了,让我拿去洗好吗?"

(五)应答声
(1)"好的,我会通知厨房,按您的要求去做。"
(2)"好的,我马上就去。"
(3)"好的,我马上安排。"
(4)"是的,我是餐厅服务员,非常乐意为您服务。"
(5)"谢谢您的好意,我们是不收小费的。"
(6)"没关系,这是我应该做的。"
(7)"我明白了。"

(六)祝福声

(1)"祝您用餐愉快。"
(2)"新年好!"
   "新年快乐!"
   "圣诞快乐!"
   "节日快乐!"
(3)"祝您新婚愉快。"
(4)"祝您早日康复。"
(5)"祝您生日快乐。"
(6)"祝您心情愉快。"

(七)送别声

(1)"先生(小姐)慢走,欢迎下次光临。"
(2)"先生(小姐)再见。"
(3)"请慢走。"
   "请走好。"

(八)餐厅其他礼貌用语

(1)"请用茶。"
   "请用毛巾。"
   "请您用酒。"
(2)"您的菜上齐了,请品尝。"
(3)"请您对我们的服务和菜肴多提宝贵意见。"

(九)礼貌用语注意事项

(1)注意面向宾客,笑容可掬,眼光停留在宾客眼鼻三角区,不得左顾右盼,心不在焉。

(2)要垂手恭立,身体微微前倾,双手交叉握于腹部;距离适当(一般以一米左右为宜),不要倚靠他物。

(3)要举止温文,态度和蔼,能用语言讲清的尽量不加手势。

(4)要进退有序,事毕要先后退一步,然后再转身离开,以示对宾客的尊重,不要扭头就走。

(5)讲话要讲普通话,外语以英语为主,不用污言秽语,语调亲切、热情诚恳,不要粗声粗气或矫揉造作,说话要清楚流利,以对方听得到为准,意思表达要准确,讲话速度要慢于宾客,不可因个人心情不佳,影响语言效果。不要打扰宾客之间的谈话,如需要打扰时可在其说话间隙说"对不起,打扰一下"。经宾客同意后再讲,说话结束后应说谢谢。

四、餐厅服务员接待技巧

服务员对所服务的宾客要根据情况区别对待,通过观察、分析掌握宾客心理,妥善应对各种场合,使宾客满意。

(一) 匆忙的宾客

对于赶时间的宾客,要向宾客简明扼要地介绍他们所点菜肴需要等候的时间,并介绍一些现成食品。服务时要迅速提供饮料和沙拉,并把甜点和主菜同时上。如有可能建议宾客点可携带的食品,提供尽可能快的服务。

(二) 犹豫不决的宾客

可以给这类宾客提出建议,但不要催促他们,如果宾客在点菜时花的时间太长不要有生气的表情,不要使宾客因点菜耽误了时间而内疚。

(三) 节食的宾客

服务人员要了解每道菜的成分、用料和准备方法,并了解哪些菜是不适合节食者的。应依照餐厅制度给这些宾客介绍合适的替代菜肴。

(四) "噪音"宾客

这类宾客会在餐厅故意制造噪音以至影响到其他宾客。领位员在安排座位时,应尽可能让"噪音"宾客与其他宾客分开。若噪音变成问题,应及时报告领班和经理来加以劝阻。

(五) 生气的宾客

对宾客的生气和不满应表现出应有的重视,并试图给予帮助,待宾客冷静后,再关心地询问一些相关问题。若食品饮料溅出或洒了,不要去找宾客的原因,而应用服务毛巾擦净桌子,或以干净餐巾遮住脏的地方,撤换被溅脏的用具。若溅到地上,应用椅子盖住脏的地方,并为宾客换一个餐桌,必要时通知领班和经理。

(六) 抱怨的宾客

若宾客所点的菜不在菜单上,应客气道歉并向宾客介绍与之类似的菜。若宾客挑剔主菜的生熟,应毫不犹豫地换掉,不要有烦恼、生气的表情,而应仔细听取宾客的抱怨,并把不能解决的问题向经理或有关人员汇报。

(七) 无理取闹的宾客

服务员要礼貌并有尊严地对待这类宾客,要尽可能不予理睬,尽量避免卷入,或尽量自然平和地对待这类宾客。除提供必要的服务外,避免离桌子太近。若有人行为不检点,应向经理报告,而避免争吵。

(八) 中毒的宾客

若发生宾客食物中毒,要马上报告领班和经理,不要去挪倒宾客的饮料和食品等。

（九）儿童宾客

儿童是可爱的小宾客，但也是最大的难题。为使儿童高兴、安全，服务人员要做很多工作：安排儿童在远离通道的座位上，提供高椅；移开儿童能触摸到的危险品；不要和儿童玩耍或嬉笑；在给儿童上菜以前，请示其父母是否需要小甜饼等以使儿童高兴。在父母没有要求的情况下，不要问儿童需要什么。给儿童上菜的分量应符合餐厅的要求。用餐中要多提供餐巾，餐后提供用来擦手的热湿布巾。

（十）老年宾客

老年人最适合在远离餐厅噪音区的位置就座。应帮助老年人选择符合他们营养要求的菜品。若宾客对所点菜的分量提出要求，服务员可与厨师商量好，以使老年宾客满意。切记老年人不宜食用太甜的甜食。

（十一）盲人宾客

让盲人宾客扶住你的左臂并引导入座，不要碰他的手杖。拿走餐桌上不必要的物品，调味品要靠近宾客。向宾客解释菜单并说明其价格，询问宾客所喜欢的食品，说话时要用愉快的声音和正常的速度。服务时向宾客说明放在桌上的菜肴名称。递交账单时，要大声报出每一道菜的价格和总的花费。

（十二）伤残宾客

很多伤残宾客需要一些特殊的帮助。移动椅子，让轮椅靠近餐桌，是最迅速最好的帮助，然后把宾客的手杖放在椅子的背后。

（十三）患病宾客

如果宾客在进餐时病倒，应立即报告经理，通知医务人员帮助，并提醒宾客的同伴，给予必要的帮助，如果宾客摔倒或失去知觉，不要去移动宾客，如果宾客醒来，尽量使其保持清醒，等待医生到来。

宾客的类型是多种多样的，远不止以上几种。作为餐厅服务人员，服务应有针对性、因人而异。但无论面对哪种类型的宾客，共同之处在于提供真诚的服务，达到使宾客满意的目的。

五、餐厅服务需要掌握的禁忌

（一）不尊重宾客

(1) 事事斤斤计较。

(2) 对宾客评头品足，指手画脚。

(3) 出尔反尔，不守信用。

(4) 没有使用恰当的称呼。

(5) 宾客因对物品不了解而错误使用，服务员抱以讥笑。

(6) 服务员在宾客面前相互耳语。

(7) 与宾客过分亲热,言行没有分寸。

（二）花卉、数字等的忌讳

在中国,亲朋生日忌送菊花,因为菊花被视为是悼念亲人的一种花卉;意大利人同样忌讳菊花。对于数字,港澳同胞都喜欢3和8,忌讳4和14,因为3和8同"生、发"谐音,如"328"音近"生意发"。相反"4"和"死"谐音,则被认为不吉利。

日本人忌讳4和9,因4与"死"谐音,9与"苦"谐音。

在欧美地区则忌讳13,若刚好遇上13号又是星期五则认为是"黑色星期五",有不祥之兆,因为13号星期五是耶稣的受难日,故忌之。

（三）外国人的忌讳

(1) 美国人:最忌讳老,老意味着落伍,失去竞争力;忌讳13。

(2) 日本人:忌称双目失明者为"盲人",应称为"眼睛不自由的人";在生活中忌高声谈话,手插衣袋;忌名片放于裤后兜;忌讳三人并排合影,中间人有受制于人之意;忌不请自进,不请自坐。

(3) 英国人:饮食没有多少忌讳,但注重绅士风度。

六、服务员与宾客交流时应注意的事项

(1) 服务员在为宾客服务时不宜表示过分亲热。

(2) 切勿用手拍打宾客的肩膀。

(3) 如遇宾客言行不礼貌或产生矛盾,对宾客不可争论或辩白,应婉转解释,要以"宾客永远是对的"的态度服务宾客。

(4) 回答宾客问询,如不知道,不可随便说:"不知道。"

(5) 不表达私人意见,不谈国家大事。

(6) 宾客有所吩咐时,应立即记录以免忘记,无法处理时,应马上请示领班,直至妥善处理好为止。

(7) 面对宾客说话时,绝不可吸烟、吃东西或阅读书报。

(8) 不得粗言粗语。

(9) 未经宾客同意,绝不可抱玩宾客的小孩,免得使其不悦。

(10) 对于孩童,当其父母外出时,不能疏于照顾、乱给食物。

(11) 在宾客面前绝不说赘语或举止傲慢。

(12) 如发现宾客患有传染病或皮肤病,应立即报告领班处理。

(13) 应注意宾客的情绪和精神是否正常,防止发生意外。

(14) 如在值班期间发现宾客中有专门招摇撞骗等不法分子,从事不法行为,服务员应提高警觉,随时报告主管。

(15)服务员应养成良好的敲门习惯,待房内宾客应答才可启门进入,并应随手将门关上。

(16)服务人员不得任意移动宾客物品。

第三节 餐饮服务员培训

一、中餐厅服务员基本要求

(1)应笑脸迎宾客,自然大方并亲切问候:"您好!欢迎光临!请问一共几位?"如果是男女结伴而来,应先问候女宾,再问候男宾。对老幼残宾客,应主动上前照料。

(2)要根据宾客的不同情况把他们引入座位。如重要宾客光临,应把他们引领到餐厅中最好的位置;夫妇、情侣就餐,应把他们引领到安静的角落位置;全家、亲朋好友聚餐,应把他们引领到餐厅中央的位置;对老幼残宾客应把他们安排在出入比较方便的位置。安排座位应尽量满足宾客的要求,如果该座位已经被先到的宾客占用,服务员应解释致歉,求得谅解,推荐其他令宾客较满意的座位。

(3)宾客走近餐桌,服务员应按先女宾后男宾,先主宾后一般宾客的顺序用双手拉开椅子,招呼宾客入座;宾客屈膝入座的同时,轻轻推上座椅,使宾客坐好、坐稳。

(4)为宾客送上茶水,切忌用手接触茶杯杯口。适时主动恭敬地递上菜单,不能随意将菜单扔在桌上。顾客点菜时要耐心等候,不能催促,让宾客有考虑的时间。点菜时,拿好纸、笔随时记录。如宾客犹豫不决,服务员应当好参谋,热情介绍菜肴品种和特色。应注意语言艺术,礼貌委婉,不要勉强或硬性推荐,以免引起宾客反感。如宾客点的菜已经无货供应,应礼貌致歉,求得谅解。如宾客点的菜,菜单上没有,不要拒绝,可以说:"请允许我与厨师商量一下,尽量满足您的要求。"宾客点菜时,服务员应面带笑容,上半身略微前倾,身体不能倚在餐桌边,不能把手放在餐桌上,要认真倾听,准确记录,避免出错。

(5)如有儿童就餐,可给儿童加上小凳,方便儿童入座。

(6)如宾客不慎掉落餐具,应迅速为其更换干净的餐具,不能在宾客面前一擦了事。

(7)如有宾客的电话,应走近宾客轻唤,不能在远处高喊。

(8)工作中必须随时应答宾客的召唤,不能擅离岗位或与他人聊天。

(9)为宾客斟酒上菜要讲究程序。上菜时手指不能碰及菜肴,每上一道菜要报菜名,简要介绍其特色,说话时不能唾沫四溅。斟酒时手指不能触摸酒杯杯口,应按酒的不同种类决定斟酒的量。倒香槟或冰镇饮料时,酒水瓶应用餐巾包好,以免酒水滴落到宾客身上。

（10）宾客吸烟,应主动上前点火。宾客的物品不慎落到地上,应主动上前帮助拾起,双手捧上。

（11）对宾客应一视同仁,不论餐厅规模大小都应服务周到。逢年过节,要对每一位宾客致以节日的问候。

（12）结账时,应把账单放在托盘中,正面朝下递给宾客。宾客付账后,要致谢。宾客起身后,服务员应拉开座椅,并提醒宾客不要忘记随身携带的物品。帮助宾客穿大衣戴帽子,在餐厅门口与宾客友好话别:"再见,欢迎您再次光临。"

（13）应在宾客全部离去后,再进行清扫,不能操之过急。

（14）餐厅服务员要与食物、餐具打交道,所以对服务员的个人卫生要严格要求。餐厅服务员应穿着干净整洁的制服,勤洗澡、勤理发、勤剪指甲、勤刮胡须、勤刷牙、勤洗手,不佩戴首饰,不浓妆艳抹,不梳披肩发。在宾客面前不掏耳朵,不剔牙,不抓头发,不打哈欠,不掏鼻孔。如不得已要打喷嚏、咳嗽,应背转身体,用手帕遮住口鼻,并向宾客致歉。工作前不吃有刺激气味的食品。

二、餐厅服务员岗位培训

（一）餐厅服务员的岗内培训内容

（1）在所指派的岗位内招呼宾客,留意宾客进餐情况,服从上司指派,为宾客提供良好服务。

（2）按照工作程序和标准做好各项工作,如换台布、摆台、收拾餐具、准备餐具及做好清洁卫生等。

（3）每日按时凭单到仓库领取日用品(可由领班负责或接受领班交代)。

（4）了解每日供应菜式及酒水以便介绍给宾客。

（5）为宾客上菜、分菜、斟酒,收换餐具,服务宾客就餐。

（6）注意宾客所点的菜品;尽量帮助宾客解决就餐过程中的各类问题;若自己不能解决可及时请示领班或向领班反映。

（7）尽量避免用具破损,轻拿轻放,工作尽责。

（8）负责好餐后各项收尾工作,做好当值清洁卫生,交接好后方可下班。

（二）实习服务员的岗内培训内容

实习生也称见习生或服务助理等。对他们的培训内容,通常包括以下几方面:

（1）将宾客用过的餐具送回洗碗部清洁,补充工作台内洁净餐具。

（2）清理茶水档内茶渣杂物,清洗下栏车、茶盅、托盘、手布等。

（3）协助厅面工作,如打送热开水,帮助服务员理台。

(4)收拾并集中存放用过的台布席巾,以便洗衣厂清洗。
(5)负责餐厅范围内所有清洁卫生事项。
(6)尽量避免用具破损,轻拿轻放,对工作尽责。
(7)勤苦耐劳,服从上司分配指派,认真做好工作。

(三)领位服务员的岗内培训内容

在对领位服务员进行培训时,一般涉及领位服务员的仪表、开餐前的准备工作、订餐、引领宾客进入餐厅、介绍餐厅内情况等一系列内容。

(1)仪表整洁美观,彬彬有礼,热情。
(2)做好开餐前的准备工作,摆正清洁咨询台,备好干净的菜单、台卡。
(3)负责接受宾客的订餐,包括电话预订和当面预订,接受宾客预订时要问清宾客姓名、房号或单位、联系电话、就餐人数、时间、位置或其他要求,然后做好记录,保留适当餐位。若是有费用标准或宴席性的订餐要介绍到宴会部(营业部)受理。
(4)负责礼貌地将所有到餐厅用餐的宾客迎入餐厅,有艺术地安排宾客就座。如均匀地带宾客入座,以免使楼面有过分拥挤或疏落的感觉。遇有粗鲁或衣着随便的宾客,应带往偏角处就餐,勿带到近门口位,以免影响其他就餐者,但语言态度上需多加尊重。
(5)负责了解餐厅内情况,以便随机应变地安排。
(6)要留意照顾宾客跟随你进入餐厅就座,勿只顾自向前走。
(7)负责替宾客存放衣帽、公文包等物品。
(8)负责为就餐宾客递送菜单、开胃酒单及推销餐前酒,回答宾客问询。
(9)负责接听电话,并及时通知受话人。
(10)餐厅是宾客消费的场所,为保证宾客进餐的舒适和不受干扰,非总经理、餐厅经理和公共关系部带来参观的宾客,一般谢绝参观。
(11)要兼做公关,不但与同事、上司保持良好关系,还要多与宾客打交道,熟记宾客姓名,当宾客再次惠顾时热情招呼。
(12)宾客离去时要送客、拉门、按电梯、叫出租车等,并说"请再光临"、"多谢惠顾"、"再见"、"慢行"等礼貌语。
(13)对进餐人数、桌数等业务情况做好书面记录,保管好菜单或交由指定领班存放。

三、酒吧服务员岗位培训

(一)酒吧服务员的岗内培训内容

酒吧服务员和餐厅服务员虽同属餐饮类服务人员,但其工作内容是有区别的,对酒吧服务员通常要培训下列内容。

(1) 保持酒吧周围的清洁及酒吧各项用具的清洁。

(2) 每日按时领取各项货品,及时存放妥当。

(3) 每日开市前准备充足各项用具及时鲜果品、酒水、香烟等货品,并整理好酒水车、酒水展示台。

(4) 能熟悉制作一般果盘,调制一般酒水;熟悉所有用具的使用;熟悉各类酒水名称、价格、产地、喝法及一般保管知识。

(5) 向宾客展示和介绍酒单,为宾客订酒,并提供酒水服务,向宾客推荐雪茄烟;为宾客提供风味咖啡、鸡尾酒。

(6) 每日收市后做好清理补充工作,做好销售报表,交好班后才可下班。

(7) 勤劳诚实,反应敏捷准确,熟练工作,服从上司,努力学习不断充实自己,使自己成为出色酒吧员。

(二) 领班服务员的岗内培训内容

酒吧领班服务员的培训和餐厅领位服务员的培训是有区别的,酒吧领班服务员的岗内培训要求更为严格,通常涉及下列内容。

(1) 有效督导本班组服务员优质高效地完成各项餐饮服务。

(2) 负责对本班员工的考勤、考绩,有权根据员工的表现优劣进行表扬、批评、奖惩。

(3) 根据每天工作情况和接待任务带领员工做好准备工作,检查员工仪表及摆台、卫生是否符合标准;餐具布单是否充足。

(4) 了解当日厨师长推荐及厨房供应的菜肴,与传菜部协调合作。

(5) 营业时间内,带领本组员工为宾客提供高质量高效率的服务,确保本班组服务人员按服务程序和标准为宾客提供服务。

(6) 全面控制本服务区域内的宾客用餐情况,及时解决宾客问题,并适当处理宾客投诉。

(7) 了解宾客姓名及特殊要求,与宾客建立良好关系。

(8) 当属下在工作中犯错误时,可适当督导,但谨记不要当着宾客或众员工的面指责,因为这不但会影响宾客,亦大伤员工脸面,应小声提示或转入偏处、办公室等地方处理。

(9) 宾客就餐完毕,要督促值台或亲自将菜单、酒水单和点心单汇总为宾客结账,防止走单、漏单。

(10) 餐厅营业结束时,搞好餐厅卫生,恢复餐厅完好状态,并与下一班做好交班工作,隔时的交班要善于利用交班簿。

(11) 将当班的工作情况,即宾客反映、开餐中出现的问题、重要宴会和宾客进餐情况、宾客投诉等做好工作日志,以便向领班总监或经理报告。

(12) 视提高本班组整体素质为己任,对本班员工进行培训。

四、西餐厅服务员职责

(一)西餐厅散客服务员岗位职责

(1)礼貌问候宾客并询问人数。

(2)引导宾客入座,并递上餐巾。

(3)征询宾客饮用何种酒水。

(4)递上菜单。

(5)点菜(女士优先,点菜时应站立在宾客右后侧)。

(6)给宾客上面包和黄油。

(7)按西式菜肴的顺序,向宾客提供饮食服务。

(8)添水或酒、面包、黄油。

(9)时常更换烟灰缸或剩余食物的餐盘及不用的餐具。

(10)询问宾客对主菜质量是否满意。

(11)当宾客吃完后,清除桌上所有的盘子,连带剩余食物及用过的餐具,用一件干净的餐巾把桌上的碎屑扫到一只碟上,并收去餐桌上的调味品,建议宾客饮用餐后酒或其他种类的酒水。

(12)建议甜品并记下订单。

(13)服务甜品、咖啡或添水。

(14)询问宾客是否需要其他东西。

(15)宾客结账时递上账单。

(16)送客用语:"再见,欢迎再次光临。"

(二)西餐厅宴会服务员岗位职责

西式宴会的种类大致有宴会、自助餐、鸡尾酒会、花园宴会及茶会(小食)外卖几种类型。

西式宴会的做法有两种:一种是先由厨师将食品装在一只专用的派盘内,由服务员给宾客分派。服务员分派时站在宾客的左边,左手托盘,右手拿匙按顺序分派。

另一种叫飞碟,是由厨师先将食物分别装在一只只餐碟内,然后由服务员按顺序从右边分派给宾客,每人一碟,摆放在宾客面前,然后由宾客用刀进食。

思考与练习

1. 餐厅类型有哪些?如何划分?
2. 服务员应具备哪些能力?
3. 礼貌用语要做到哪"七声"、"十字"?

第二章 餐厅服务技能

> **学习目标**

通过本章学习,应达到以下目标:

知识目标:了解托盘的种类与用途,知晓餐巾折花的方式及运用,明确不同的摆台类型与方式,熟悉斟酒的技巧与方法,了解点菜、上菜、派菜的方法。

技能目标:学会托盘的方法,掌握铺台布的方法,熟悉餐巾折花的主要方法,掌握斟酒的技巧,学会中西餐摆台,掌握点菜、上菜、派菜的技能。

能力目标:掌握餐饮服务的基本功。

第一节 托盘

熟练的餐饮服务基本技能是做好服务工作,提高服务质量和效率的基本条件。中西餐服务的基本技能和环节,如托盘、斟酒、餐巾折花、中西餐摆台、分菜、插花都有特定的操作方法、程序和标准。因此只要掌握了这些方法、程序和标准,在对客服务的过程中就能得心应手,运用自如。对这些餐饮服务基本技能首先要求做到操作规范化、程序化和标准化;其次,还要力求动作得体、姿态美观大方,在为宾客用餐提供方便的同时,带给宾客以美的愉悦享受。

在餐饮对客服务中,为了卫生和方便,在托运用餐所需各种物品时,都需要用到一个重要的工具——托盘。因此正确地使用托盘,不但可以提高工作效率,还能美化服务姿态,为宾客营造良好的用餐环境。

一、托盘的知识

(一)托盘的种类

1. 按质地划分

托盘分木质的、金属(如银、铝、不锈钢等)制的和胶木的。

2. 按用途分

按不同的用途,托盘又可分为大、中、小三种规格的方形、长方形和圆形托盘。

大方形托盘和中方形托盘:用于托运菜点、酒水和盘碟等较重物品。

大圆形托盘和中圆形托盘:用于斟酒、展示饮品、分菜、送咖啡冷饮等。

小圆形托盘:主要用于递送账单、账款、邮件等。

(二)托盘的作用

(1)为餐饮服务的物品托运提供便利。

(2)提高餐饮服务的工作效率。

(3)规范餐饮服务,美化服务姿态。

(三)托盘服务的方式

1. 轻托

通常使用中小圆托盘和小方托盘,专门用来为宾客斟酒,派小吃,派菜或托送较轻的物品,一般在5公斤以下。

2. 重托(肩托)

主要托运菜点和盘碟,一般在5公斤以上。

二、托盘操作的基本要求

(1)三平:眼睛平、双肩平、托盘平。

(2)二稳:盘内物品稳,身体姿势稳。

(3)一松:面部表情轻松。

三、托盘的基本操作方法

(一)轻托

轻托(胸前托)就是托送比较轻的物品或用于上菜、斟酒操作,一般重量在5公斤左右。轻托一般在前台操作,多直面宾客,因此操作熟练、准确以及服务姿态优美就显得尤为重要。

1. 轻托的基本程序

(1)理盘:将托盘内外清理擦拭干净,金属和胶木托盘需在盘内垫上洁净的垫布,阻隔热量传递和防止物品在盘中滑动。为避免垫布滑动,可将垫布稍稍弄湿;同时垫布的大小应和托盘匹配,托盘垫布最好专用,不要混用。防滑托盘可以不用垫布,清洁时可用刷子清洗缝隙中的污物,避免高温烘烤和暴晒,以防止塑胶变形或内衬的橡胶层脱落。

(2)装盘:重物、高物、后用物品放在托盘的里档,轻物、低物、先用的物品放在外档。先上桌的放在上档,后上桌的放在下档。物品要分类摆放,方便取用。盘内物品的重量要分布得当,这样装盘安全稳妥,便于运送和进行有条不紊的派用。

(3)起托:左脚迈前半步、弯腰、上身前倾,把托盘看作表盘,右手抓托盘6点钟位置,向怀内拉,拉出三分之一时,左手在托盘下选好位置,找好平衡;双膝弯曲、半蹲、直腰、右脚向前跟进,蹬地直立,保持托盘平稳。

(4)托盘:托盘用左手,端放在左手掌上为宾客服务。方法是左手向上弯曲,小臂垂直于左胸前呈90度,肘与腰部距离15厘米,大臂垂直,掌心向上,五指分开,用手指和掌托住盘底,手掌形成凹形,使之平托于胸前,掌心不与盘底接触,托起前左脚向前,左手与左肘呈同一平面。用右手紧紧把盘拉到左手和左肘上,先用左手、左肘把盘放于平肘上,再用右手调整好盘内的物件。确保托盘平衡,使之平托于胸前。

(5)行走:以菜肴酒水不外溢为标准,行走时要头正肩平,上身挺直,两眼注视前方,步履轻快,托盘不贴腹,托托盘的手腕要轻松灵活,臂不靠体,随走路姿势自然摆动。不要用拇指向上按住托盘边托托盘,这样既不美观也不礼貌。切忌动作僵硬或托盘摆动幅度太大,看上去不美观、不高雅。

行走的步伐可归纳为以下五种。

①常步:步距均匀,快慢适当,为常用步伐。

②快步:急行步,步距加大,步速较快,但不能形成跑步。

③碎步:即小快步,步距小,步速快,上身保持平衡。

④跑楼梯步:身体向前弯曲,重心前倾,用较大的步距,一步跨两级台阶,一步紧跟一步,上升速度要快而均匀,巧妙利用身体和托盘运动的惯性,既快又省力。

⑤垫步:当需要侧身通过时,右脚侧一步左脚跟一步,一步紧跟一步。

(6)落托:在落托盘时,一要慢,二要稳,三要平。左手转掌落托盘时,要用右手协助。左脚向前迈进半步,直腰屈膝下蹲,待盘面与台面齐平时,托盘的边缘搭在桌面上,注意不要将多余的垫布卷在下面,把托盘看作表盘,右手扶4点钟的位置,再用左臂或左手将盘向前推进,落托动作结束后应及时将盘内物品整理好。

(7)卸盘:把托盘平稳地放在工作台上,再安全取出物品。

2. 轻托要领

(1)左手托盘,左臂弯曲成90°,掌心向上,五指稍微分开。

(2)用五个手指指端和手掌根部托住盘底,手掌自然成凹形,重心压在大拇指根部,使重心点和左手五指指端形成"六个力点",利用五指的弹性掌握盘面的平稳。

(3)平托于胸前,略低于胸部,位于第二、三粒衣扣之间,盘面与左手臂呈直角状,利于左手腕灵活转向。

(4)行走时,头正,肩平,上身挺直,两眼平视前方,步伐轻盈自如。

(5)托盘随步伐在胸前自然摆动,切勿用大拇指按住盘边。

3. 注意事项

轻托是使用最多的托盘服务方式,要求动作娴熟,姿势大方,运用自如。手指随时根据托盘重心的改变而调整,以使托盘一直保持平稳。

具体操作中应注意以下三点:

(1)行走时托盘略有摆动,但应注意幅度不宜过大。

(2)斟酒时,要随时调整托盘重心,不要使托盘翻掉而将汁液洒在宾客身上,不可将托盘越过宾客头顶,既不礼貌也不安全。

(3)在撤碟的过程中,托盘中物品的数量、重量及托盘的重心都在不断变化,所以左手手指应不断调整移动,以控制托盘重心。

(二)重托

重托又叫肩上托,是托载较重的菜点、酒水和盘碟的方法,重托的重量一般在10公斤左右。服务员需有一定的臂力和技巧。重托常与菜肴接触,易沾油污,使用前要仔细清洗和检查。

1. 重托的基本程序

(1)理盘:重托的托盘经常与菜肴接触,易沾油污,每次使用前要清洁盘面并消毒;一般可在盘内铺上洁净的专用盘巾,起到防油、防滑作用。

(2)装盘:注意控制重心;物品摆放均匀平稳,物品之间要有一定的间隔。做到托盘内的物品分类码放均匀得体,使物品的重量在盘中均匀分布,并注意把物品按高矮大小摆放协调,切忌将物品无层次地混合摆放,以免造成餐具破损。装盘时还要使物与物之间留有适当的间隔,以免端托行走时发生碰撞而产生声响。例如三个汤锅可摆放成品字形。

(3)起托:重托起托的姿势是双手将盘移至服务台边,使托盘二分之一悬空。右手扶托盘将托盘托平,双脚分开呈八字形,屈膝弯腰,双腿下蹲,略成骑马蹲裆势,腰部略向前弯曲。双手将托盘的1/3拉出桌面;按重托要领将左手伸开五指伸入盘底,用全掌托住盘底;掌握好重心后,用右手协助左手向上用力将盘慢慢托起;在托起的同时,左手向上弯曲臂肘,向左后方旋转180度过程中送至左肩外上方,待左手指尖向后托盘距肩2厘米处,托实、托稳后再将右手撤回呈下垂姿,使身体成站立姿势;做到盘底不搁肩,盘前不靠嘴,盘后不靠发(右手扶住盘前角)。托盘一旦托起,要始终保持均匀用力,将盘一托到底。否则会造成物品的歪、撒、掉、滑的现象。随时准备避开他人的碰撞,上身挺直,两臂平行,注视前方。行走步履稳健平缓,臂不倾斜,身不摆晃,遇障碍物绕而不停,起托后转,掌握重心,要保持动作表情轻松、自然。

(4)站立与行走:站立时头正、肩平,上身挺直,两眼目视前方;行走时,步伐不要太大,做到步伐轻盈、平稳自如;行走时,托盘应与身体保持一定间距。

2. 基本要领

(1)左手五指伸开,全掌托住盘底中央。

(2) 在掌握好重心后,用右手将托盘起至胸前,左手手腕向上转动,将托盘稳托于肩上。

(3) 托盘上肩要做到盘底不搁肩,盘前不近嘴,盘后不靠发。

(4) 右手自然下垂、摆动或扶住托盘的前沿。

3. 注意事项

使用重托运送菜点和收拾餐具时,姿势要正确,距离要适当,不可将汤汁、残羹碰洒在宾客身上。收餐具时,先将残余的汤汁集中在一只碗或盘中,将其余餐具分类摆放。对盘中堆物的大小、轻重要调整得当,分档安放,高物和分量重的靠里放。摆放托盘时,要弯膝不能弯腰,在操作时要做到平、稳、松。

(1) 平:即良好地把握重心,掌握好托盘的平衡,做到盘平、肩平、物平。托盘不晃动,行走不摇摆,转动不碰撞,给人一种稳重、踏实的感觉。

(2) 稳:即装盘要合理稳妥,重量要力所能及,托盘不晃动,行走不摇摆,转让灵活不碰撞,使人看了有稳重、踏实的感觉。

(3) 松:即在托运过程中,动作表情要轻松自如,上身保持正、直,行走自如。

目前饭店不用重托,多用小推车解决递送重物的问题,这样既安全又省力。但尽管如此,重托仍应作为服务员的基本技能加以练习,以备不时之需。

第二节 摆台

摆台是指餐厅服务员在宾客就餐前预先为宾客布置好用餐器具以方便宾客用餐的行为,是一名合格的服务员的基本综合能力的体现。根据餐别的不同,摆台的餐具类别和数量以及位置关系都有明显的区别,而且不同的餐厅在具体的要求上也不尽相同。

摆台的一般要求是布局紧凑、距离匀称、取用方便、操作卫生、动作大方。

一、中餐摆台基础知识

(一) 台布的种类

台布也称桌布,主要起保洁、装饰和方便服务的作用。台布有多种样式和颜色。从台布的质地看,有提花台布、织棉台布、工艺绣花台布。从颜色上看,台布通常有白色、黄色、绿色和红色等,但一般多用白色台布。选择台布的颜色,要与餐厅的风格、装饰、环境相协调。从形状上看,台布有圆台布、正方形台布、异形台布。

(二) 台布的规格

台布的规格大小有多种,经常使用的方台布有 140 厘米×140 厘米、160 厘米×160 厘米、180 厘米×180 厘米、200 厘米×200 厘米、220 厘米×220 厘米、240 厘米×240 厘米、260厘米×260厘米等规格。使用时应根据餐桌的大小选择适当规格的台布。

如140厘米×140厘米的台布适用于90厘米×90厘米的方台;160厘米×160厘米的台布适用于100厘米×100厘米、110厘米×110厘米的方台;180厘米×180厘米的台布适用于直径150厘米或直径160厘米的圆台;200厘米×200厘米的台布适用于直径170厘米的圆台;220厘米×220厘米的台布适用于直径180厘米或直径200厘米的圆台;240厘米×240厘米的台布适用于直径220厘米的圆台;260厘米×260厘米的台布适用于直径240厘米的圆台。

除了方台布外还有长方形台布,有160厘米×200厘米、180厘米×300厘米等不同规格。这类台布用于长方形台及西餐各种餐台,可根据餐台的大小形状选用不同数量的台布,一块不够用时可随意拼接,在拼接时要注意将接口处接压整齐。

(三) 铺台布的方法

1. 平铺式

用双手将台布打开,平行打折,手腕用劲,将台布一次抖开铺在台面上。

2. 推拉式

用双手将台布打开,平行打折推出去再拉回来。要求姿势利落、大方,一次成功。这种铺法多用于零点餐厅或是较小的餐厅,客人坐在餐椅上,等候用餐,地方窄小,只能用这种推拉式铺法铺台。

3. 撒网式

用双手将台布打开,平行打折。右脚在前,左脚在后,动作自然潇洒,斜着向前方抛撒。就像撒渔网一样,故名撒网式。要求姿势优美、自然,一次成功。这种铺法多用于宽大场地或技术比赛场所的铺台。

在铺台布之前,首先要洗净双手,对每块台布进行仔细检查。发现有破洞、油迹和皱褶的台布,不能使用,要加以调换。在操作前,首先应根据餐厅的装饰、布局确定席位,将选好的台布放在餐台上,站在主人处,距桌边约40厘米,将台布打开并提拿好,身略前倾,朝副主人方向轻轻向前抖去,做到用力得当,动作熟练,一次抖开并到位。台布不能沾地面,台布中间的十字折纹的交叉点正好在餐桌的圆心上,台布正面凸缝朝上,中线直对正、副主人席位,四角要直线下垂,下垂部分与地面距离相等,铺好的台布图案花在桌中间,平整无皱纹。

(四) 中餐摆台餐具

餐盘、汤碗、勺子、汤匙、筷子、筷架、各式酒杯、餐巾、味碟、茶杯、茶盘、烟灰缸、牙签筒、花瓶、席位卡、菜单、公用餐具。

(五) 操作所需物品

各式餐桌、各式台布、托盘、餐椅、摆台用具、转盘。

(六) 中餐摆台要求

(1) 每餐位的餐具摆放要相对集中,整齐一致。

(2)要方便宾客就餐,便于服务员席间服务。
(3)台面要有美感,富有艺术性。
(4)台面要清洁卫生,所有的布件、餐具、调味品及装饰品都要整齐清洁。
(5)涉外宴会的摆台要符合相应国家和民族的礼仪和习惯。席位安排可根据对方的传统习惯而定。

(七)中餐台型

中餐台型见图2-1。

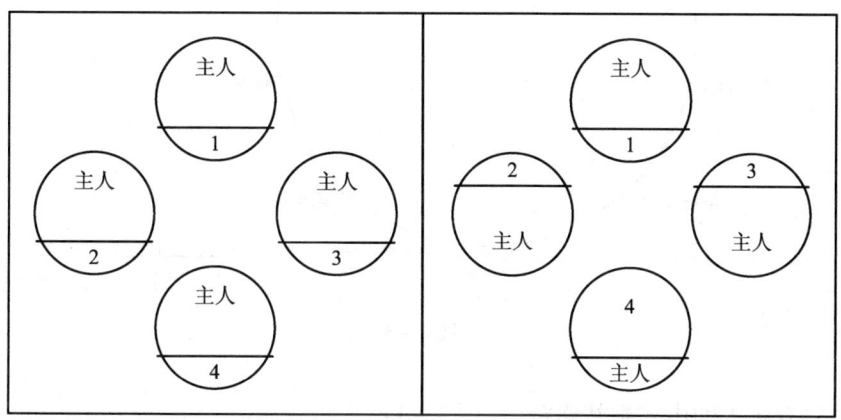

图2-1

(八)中餐座次礼仪

(1)按中国惯例,左边为上,右边为下(见图2-2)。

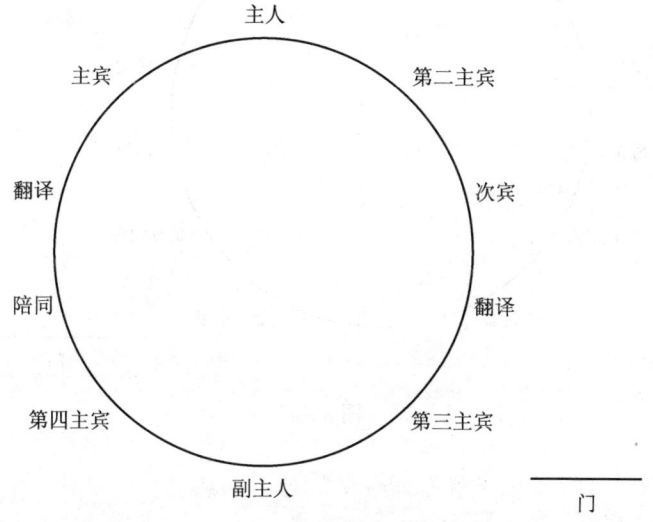

图2-2

(2)按国际惯例,右边为上,左边为下(见图2-3)。

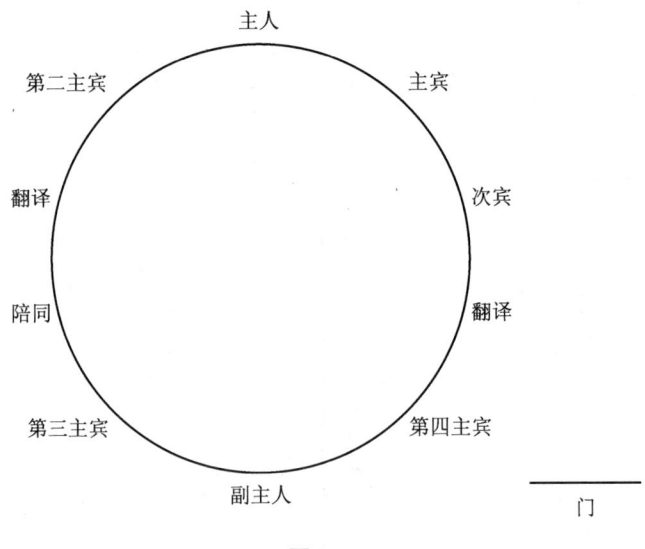

图2-3

(3)双主人的中式婚礼摆台(见图2-4)。

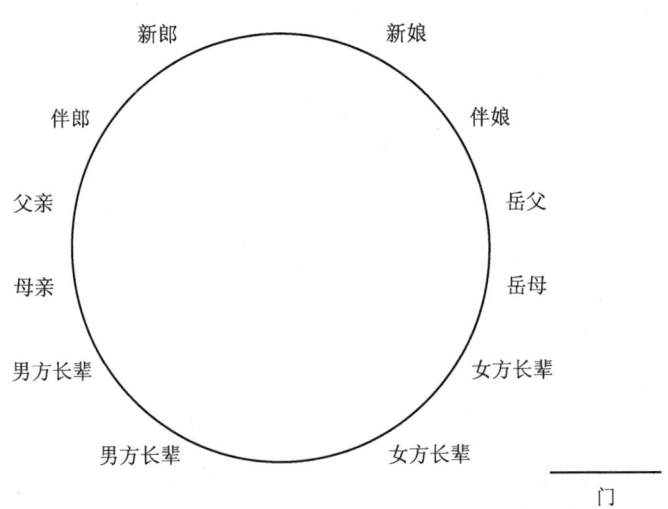

图2-4

二、中餐摆台

（一）摆放桌椅

摆放桌椅是摆台的第一步，一般而言摆台的标准是一种相对位置关系，合理利用参照物可以便于摆出更加美观的台型，而座椅是第一参照物。摆放前，首先应检查桌椅是否完好，桌子在摆放时要注意四条腿构成的正方形与餐厅的四面墙平行，桌面稳固不晃动。座椅要摆放整齐，离门最远的中间餐位为主人位。

（二）铺台布

1. 要求

选择尺寸合适的台布，需干净、无破损、熨烫平整；站在主人位操作，双手将台布抖开，中缝凸缝向上，从主位指向餐厅门口；正面朝上，十字居中，四角下垂相等且遮住桌腿，台布铺放平整无气泡，桌布的凸折线对准正副主人位，圆形台布周边下垂均等。

2. 动作要领

铺台布前首先要检查台布和转台是否洁净和完整。铺台布的方法主要有撒网式、肩上式、推拉式、平铺式几种。服务员可根据自己的情况选择一种适合自己的方法。目前运用最为广泛的是推拉式。女性服务人员也有相当部分运用撒网式。这里主要说明撒网式和推拉式的要领。

（1）撒网式：在主人位操作，两手抓住台布一边与凸折线等距离处，拇指、无名指、小指在台布下，食指与中指在上，用拇指、无名指与小指紧抓台布边缘，中指与食指去抓剩余的台布。收回台布（拇指、无名指和小指要抓紧，不然容易把台布全部抛出去），然后如渔民撒网一样从餐桌的左边开始向右边铺开。（见图2-5至图2-13）

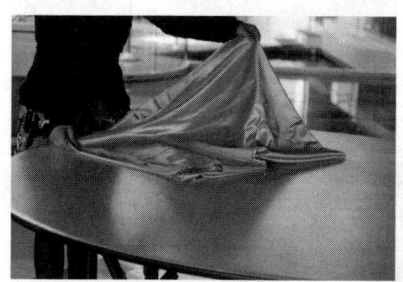

图2-5　打开一侧台布

图2-6　打开台布

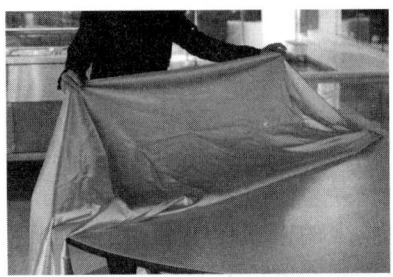

图2-7 拇指和食指抓住台布一边

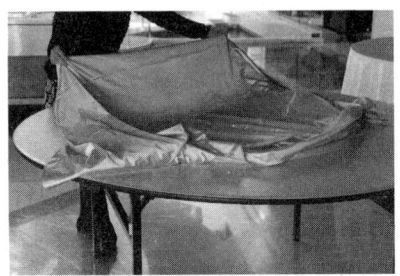

图2-8 中指、食指、无名指、小指各抓一层台布

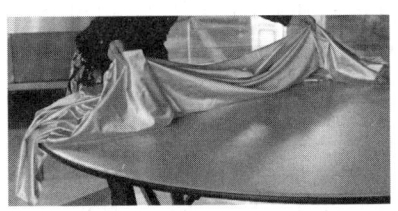

图2-9 将台布收回

图2-10 将台布移到自己的左侧

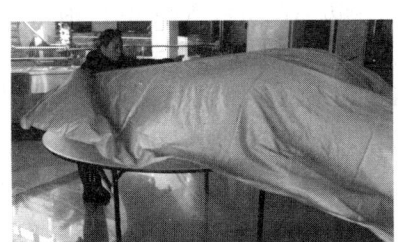

图2-11 如渔民撒网一样从左边开始向右边铺开

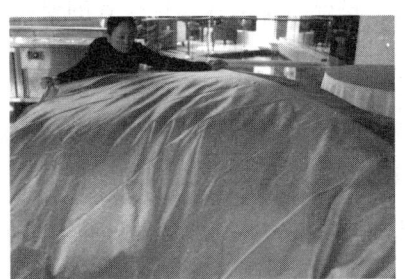

图2-12 拇指和食指紧抓台布,其他手指松开,慢慢拉回

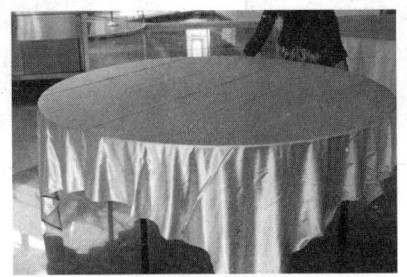

图2-13 整理台面,十字居中,四角下垂均等

（2）推拉式：站在主人位操作，先将台布铺开，两手抓住台布各一边，与凸折线等距离处，手法同上，然后手势向前推，用食指和中指收起余下的台布，然后两手内扣，用腕劲将两手两边的台布收到两手之间的那段台布内，然后两手均匀用力向餐桌的副主人位两边抛出去，将台布打开，然后向回拉到适当位置即可。注意拇指、无名指和小指要抓紧，不然容易把台布全部抛出去；两手用力要均匀干脆，不然容易留下气泡。（见图2-14至图2-23）

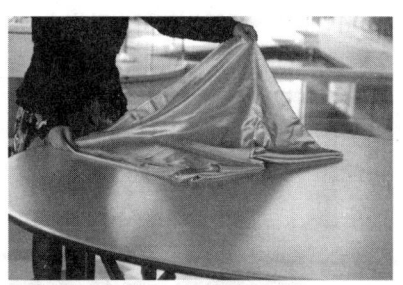

图2-14 打开一侧台布

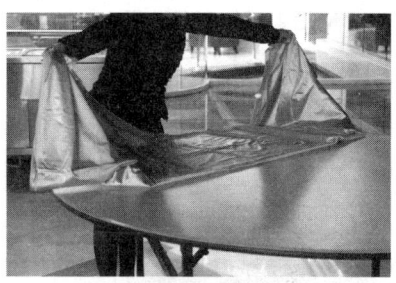

图2-15 打开台布

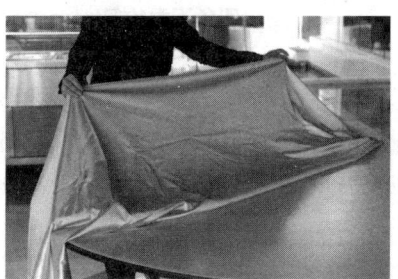

图2-16 拇指和食指抓住台布一边

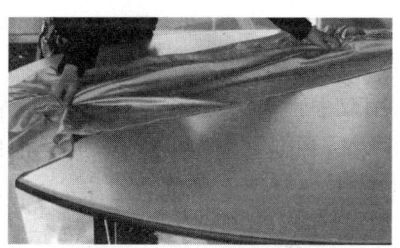

图2-17 中指、食指、无名指、小指各抓一层台布

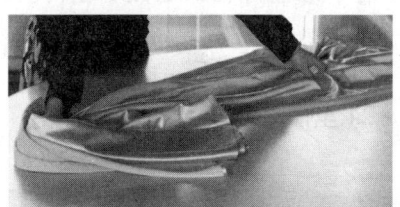

图2-18 两手内扣，用腕劲将两手两边的台布收到两手之间

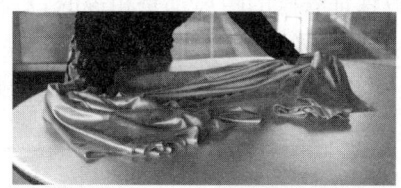

图2-19 （动作同图2-18）

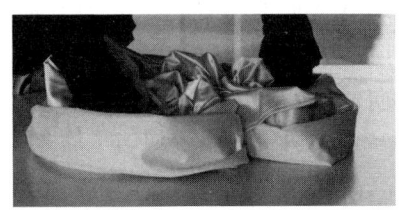
图2-20 （动作同上）

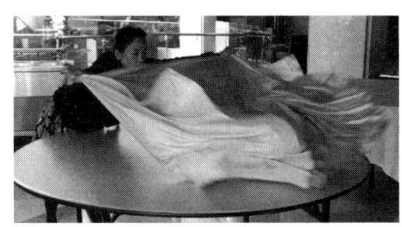
图2-21 两手均匀用力抛出去

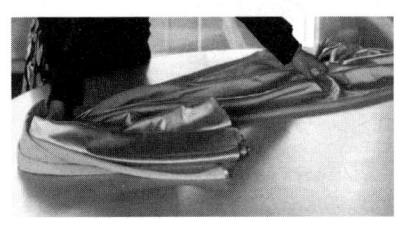
图2-22 拇指和食指紧抓台布，其他手指松开，慢慢拉回

图2-23 整理台面，十字居中，四角下垂均等

（三）拉椅定位

用双手轻拿椅背，用膝盖辅助，将餐椅提起并拉出。顺序为从主人位顺时针拉出，主人位和副主人位可以不动，其他座椅在拉开时注意与台布相距1厘米，座椅间间距相等，每把座椅都直对桌心。

（四）摆放餐碟（餐碟定位）

首先用消毒巾消毒双手，然后在防滑托盘内整齐摆放餐碟，从主人位顺时针摆放。餐碟离桌边1.5厘米，标识对正，餐碟间间距相等，相对的两个餐碟与台上的花瓶成一线，每个餐碟位于座椅的正前方。（请牢记应将餐碟定位于座椅的正前方，以保证餐碟的距离都是相等的。）

1. **双数原则**

正、副主人位上一定要有餐碟。（见图2-24至图2-28）

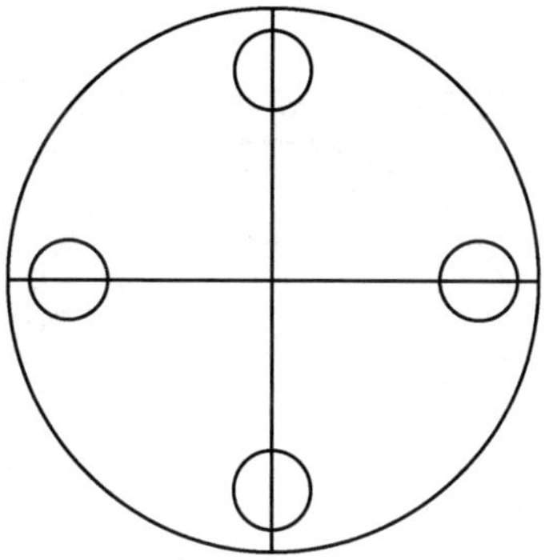

4人

图 2-24

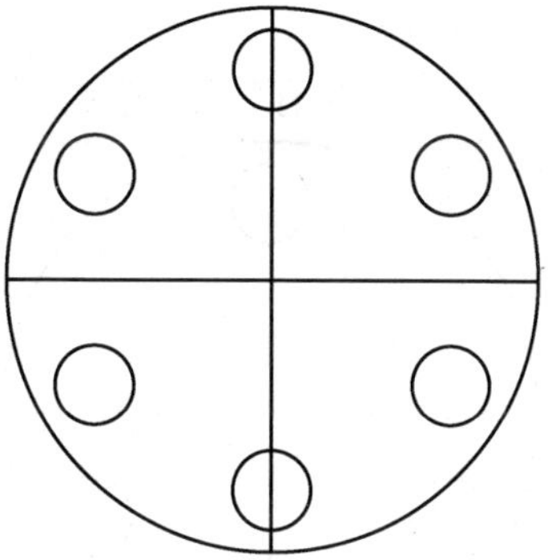

6人

图 2-25

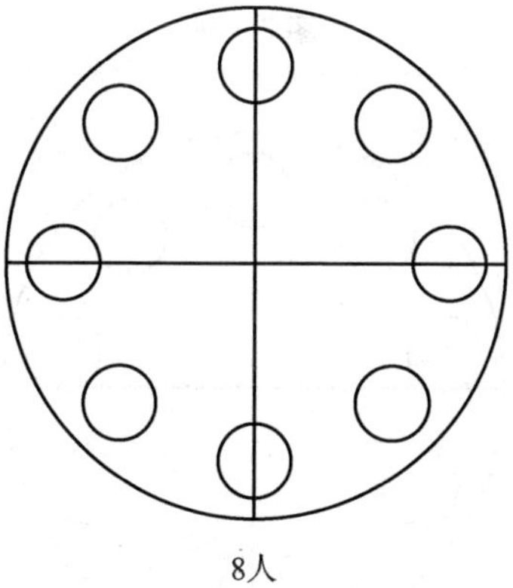

8人

图 2-26

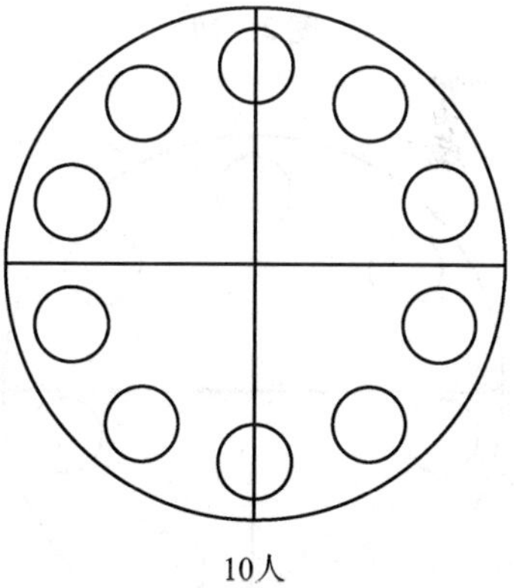

10人

图 2-27

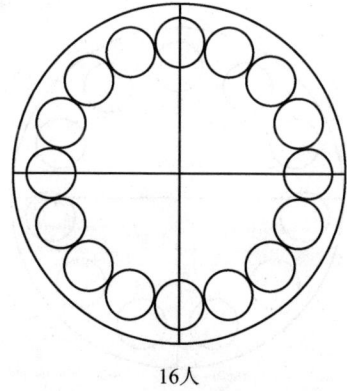

16人

图 2-28

2.单数原则

主人位上一定要有餐碟,副主人位上一定没有餐碟(见图2-29至图2-33)。

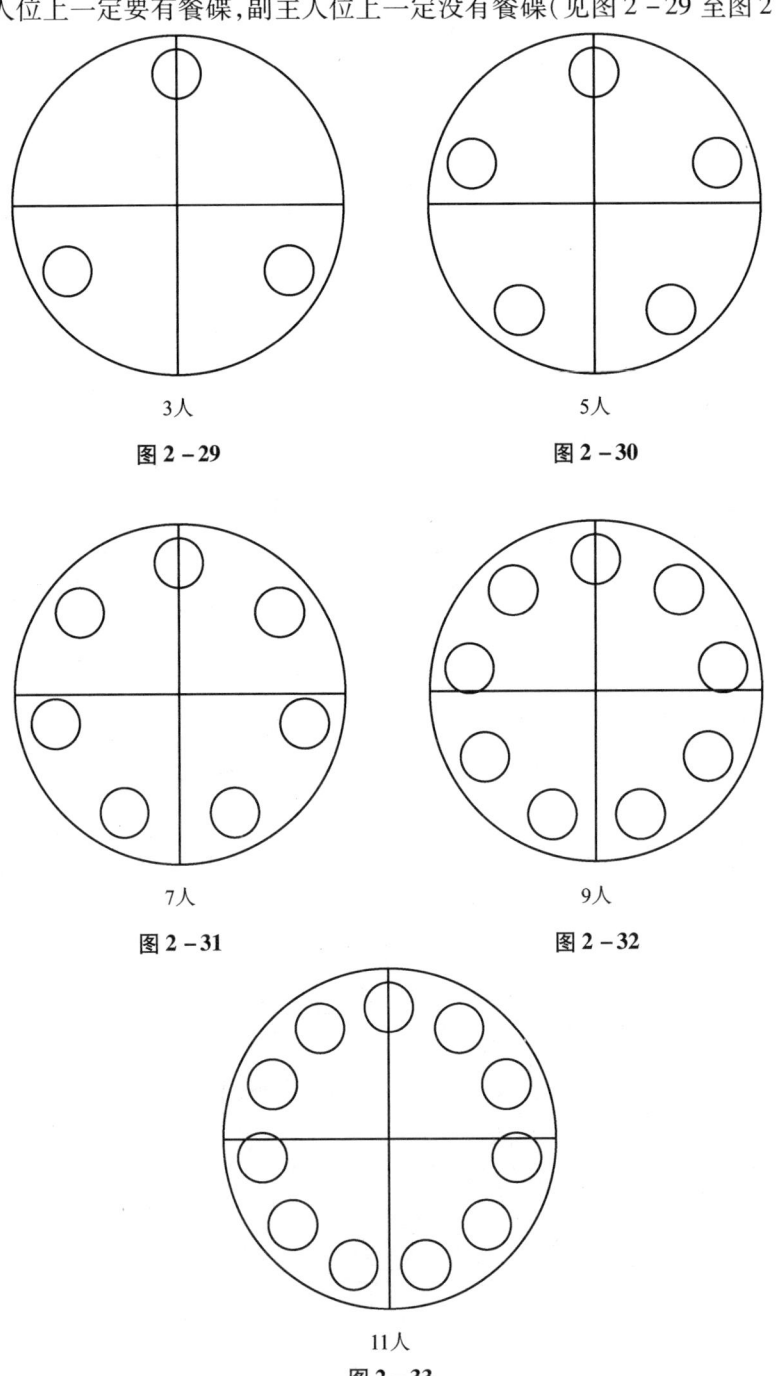

(1)单主人位台形。

4人方台:十字对称

6人圆台:一字对中、左右对称

8人圆台:十字对中、两两对称

10人圆台:一字对中、左右对称

12人圆台:十字对中、两两相间

16人圆台:十字对中、三三相间

20人圆台:十字对中、四四相间

(2)双主人位台形。

4人方台:X字对中、左右对称

6人圆台:X字对中、左右对称

8人圆台:X字对中、两两相间

10人圆台:X字对中、左右对称

12人圆台:X字对中、左右对称

16人圆台:X字对中、左右对称

18人圆台:X字对中、左右对称

20人圆台:X字对中、左右对称

(五)摆放个人餐具

根据饭店标准摆放个人餐具,遵循左高右低的原则,做到距离相等、方便取用、布局紧凑、整齐美观。注意操作卫生,不得用手抓碟边和勺子头等部位。从主人位开始顺时针摆放。注意各餐具间位置关系,具体标准各饭店有差异,但要注意每套餐具的距离相同,做到整齐划一,和谐美观。

(1)筷架摆放于餐碟右上方约45°,筷架上靠近餐碟一侧放长柄汤匙,外侧放筷子,筷子配有筷套,筷套上部约三分之一处搁置在筷架上,店徽向上,套口向下,筷套开口处或筷根部距圆桌边一指(约1.5厘米),筷套底部中心距餐碟下沿中心约18.5厘米。

(2)汤碗位于餐碟左上方,距餐碟1厘米,汤碗的上方外沿与餐碟上方外沿基本齐平。

(3)汤匙放入碗中,匙柄偏向左上,放置后十个汤匙的整体效果基本呈圆形。

(4)手持杯具柄部,注意卫生。从主人位顺时针摆放。中餐先放葡萄酒杯定位,葡萄酒杯位于餐碟正前方。西餐先放烈酒杯,以它为参照摆放其他杯具。杯花插入深度要适当,既不散形也不影响观赏。葡萄酒杯底距餐碟3厘米,水杯底与葡萄酒杯底间距为1.5厘米,葡萄酒杯底与白酒杯底间距为1厘米,三杯中心线成一直线。

(5)袋装牙签放在筷子与长柄汤匙中间,牙签底部与长柄汤匙底部齐平。

(六)摆放公用餐具

(1)在正副主人位前方各摆放一套公用餐具,勺下筷上,柄朝右,杯主线平分,勺柄与红酒杯脚相距5厘米,牙签盅在公用勺尾延长线3厘米处。

(2)在主人位右手适当位置摆放烟灰缸,以此类推,每两客共用一个烟缸,烟灰缸的一个架烟口在前指向桌子中心。

(3)调味品位置:胡椒瓶、盐瓶放置在主人席右方90°处,酱油瓶、醋瓶放置在主人席左方90°处,与胡椒瓶、盐瓶对称成一直线,整体效果与公筷呈十字形。

(4)菜单二份,以整体效果美观为原则摆放,原则上放置于主人、副主人右侧。

(5)花瓶摆放在桌子中心,台号牌放在一边,台号牌显示面朝向门口或主干通道。

注意"四个直线":①餐厅内所有餐台脚要横、竖各成一直线;②餐厅内所有餐椅脚要横、竖各成一直线;③餐厅内所有餐台布的十字折缝要成一直线;④餐厅内所有餐台面的烟灰盅或花瓶、花盆要成一直线。

(七)中餐宴会摆台示意图

中餐宴会摆台示意图如图2-34、图2-35所示。

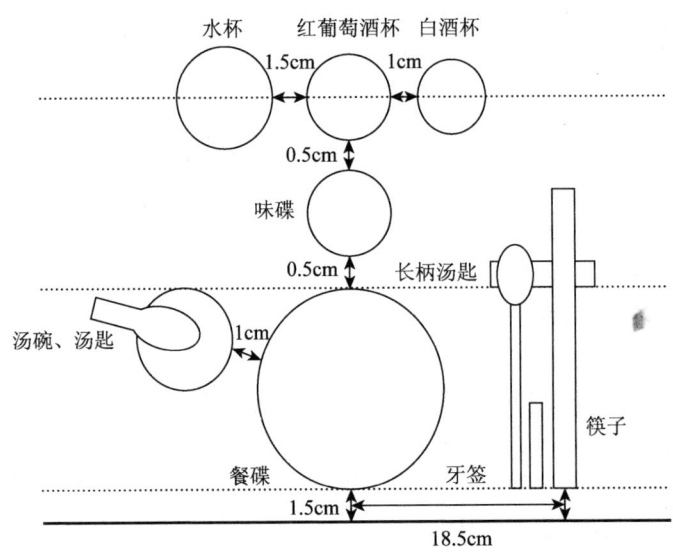

图2-34 中餐宴会摆台示意图一

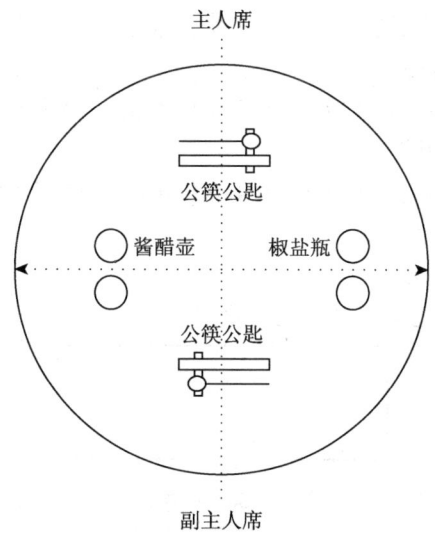

图 2-35 中餐宴会摆台示意图二

三、西餐摆台基础知识

（一）西餐就餐常用餐具

(1) 装饰碟(Charger plate)。

(2) 开胃品刀叉(Entre knife, Entre fork)。

(3) 汤勺(Soup spoon)。

(4) 鱼叉刀(Fish knife, Fish fork)。

(5) 主菜刀叉(Dinner knife, Dinner fork)。

(6) 甜品叉勺(Dessert fork, Dessert spoon)。

(7) 面包盘(Bread plate)。

(8) 黄油刀(Spreader)。

(9) 黄油碟(Butter plate)。

(10) 餐巾(Napkin)。

(11) 水杯(Water glass)。

(12) 红葡萄酒杯(Red wine glass)。

(13) 白葡萄酒杯(White wine glass)。

（二）西餐常用餐桌与匹配台布

(1) 餐桌长 120 厘米、宽 120 厘米(标准桌)，使用 165 厘米×165 厘米的台布；适宜 1~4 人用餐。

(2)餐桌长240厘米、宽120厘米(2张标准桌),使用2块165厘米×165厘米的台布;适宜4~6人用餐。

(3)餐桌长360厘米、宽120厘米(3张标准桌),使用3块165厘米×165厘米的台布;适宜6~10人用餐。

(4)餐桌长480厘米、宽120厘米(4张标准桌),使用4块165厘米×165厘米的台布;适宜10~14人用餐。

(三)西餐宴会台型

西餐宴会台型见图2-36至图2-44所示。

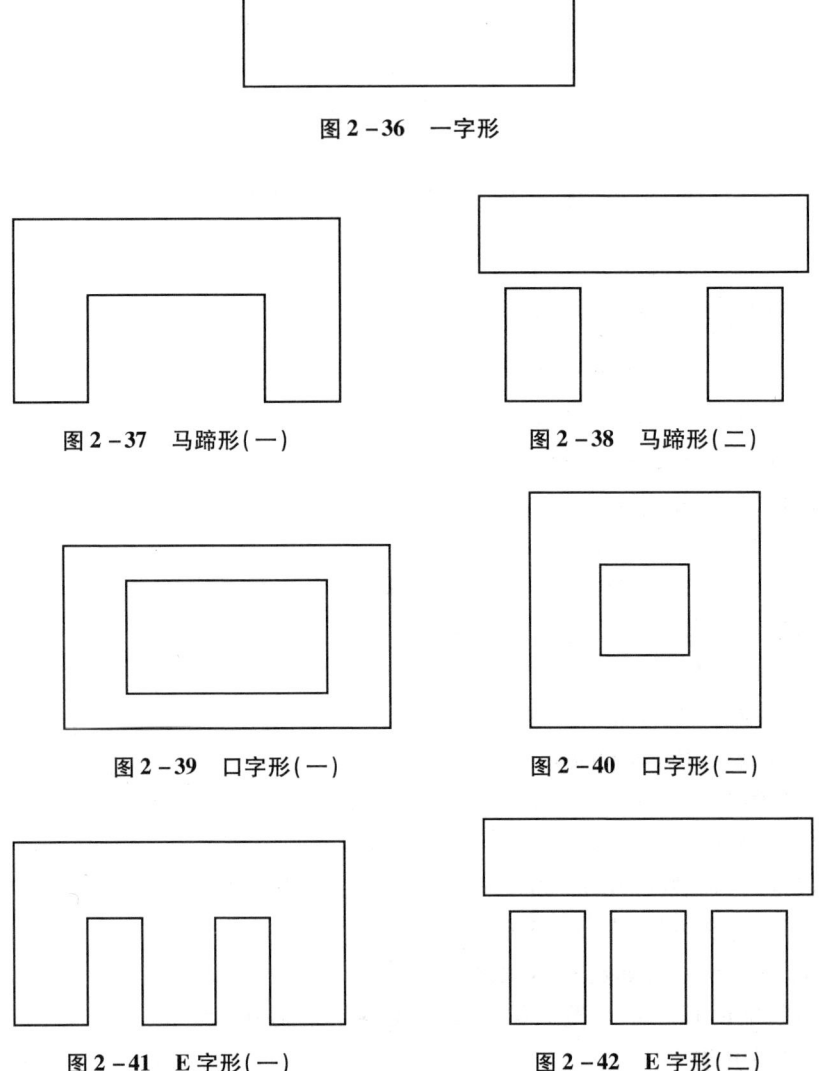

图2-36 一字形

图2-37 马蹄形(一)　　　　图2-38 马蹄形(二)

图2-39 口字形(一)　　　　图2-40 口字形(二)

图2-41 E字形(一)　　　　图2-42 E字形(二)

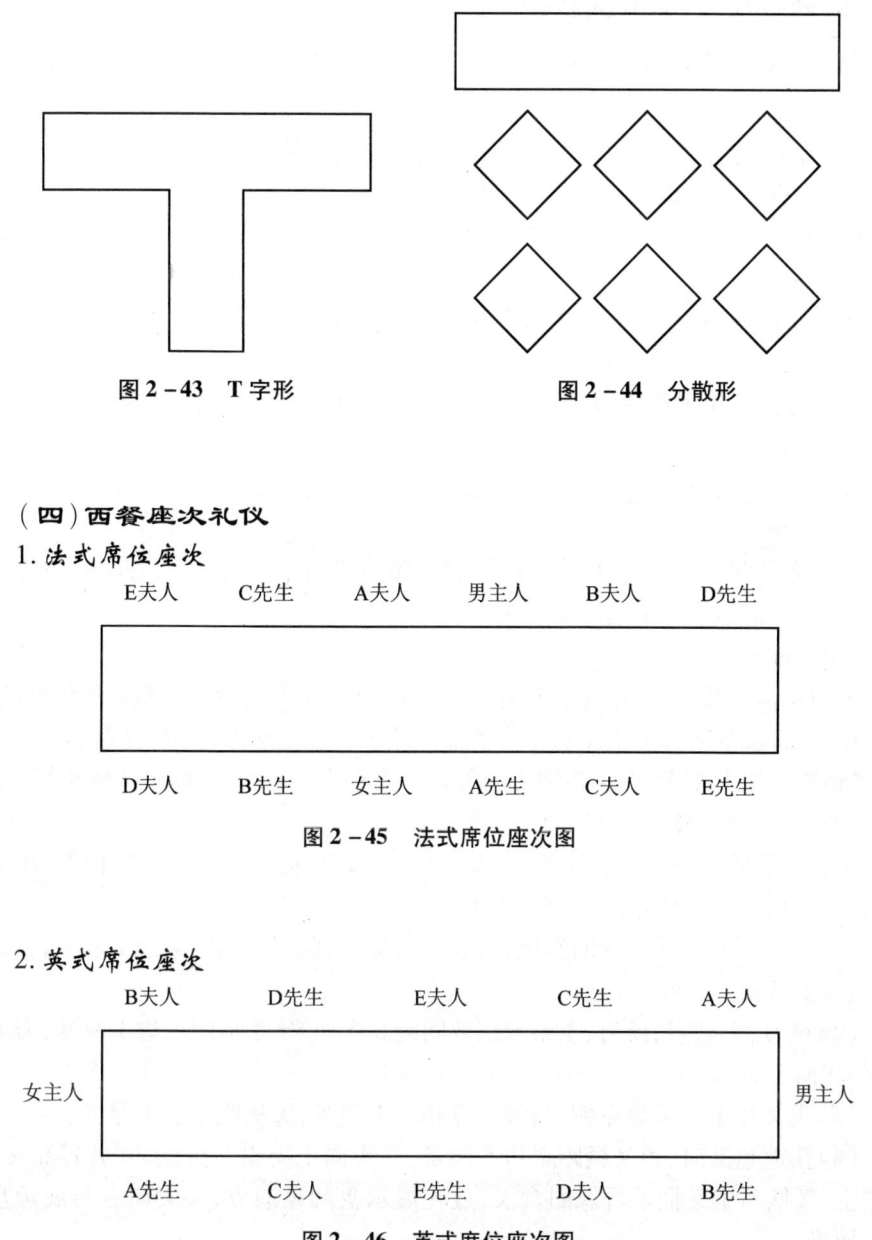

图 2-43 T 字形　　　　　图 2-44 分散形

（四）西餐座次礼仪

1. 法式席位座次

| E夫人 | C先生 | A夫人 | 男主人 | B夫人 | D先生 |

| D夫人 | B先生 | 女主人 | A先生 | C夫人 | E先生 |

图 2-45 法式席位座次图

2. 英式席位座次

| B夫人 | D先生 | E夫人 | C先生 | A夫人 |

女主人　　　　　　　　　　　　　　　　　男主人

| A先生 | C夫人 | E先生 | D夫人 | B先生 |

图 2-46 英式席位座次图

四、西餐摆台(以6人就餐为例)

(一)铺台布(两块台布)

(1)抓边。横向打开折叠的台布,台布开口朝向操作者,选择两张单层台布边的上一层,用拇指与食指均匀地捏住台布边的左右两侧,左右手臂张口距离相等。

(2)铺开。身体前倾,放开下层台布边。

(3)拉正。抓住第一层台布边缘徐徐拉正。

(4)要求:

①台布凸线朝上,与正副主人位构成的中心线相符。

②台布四边下垂均匀,边角正盖于桌脚上。

③靠近主人位置的台布压在靠近副主人位置的台布上,约5厘米,两块台布的凸线对正、对齐。

④台面平整、美观。

(二)席椅定位

从主人位开始按顺时针方向摆放席椅,席椅之间距离相等;相对席椅的椅背中心要对齐,席椅边沿与下垂台布相距1厘米。

(三)展示盘

可用托盘端托,也可用左手垫好口布。口布垫在餐盘盘底,把展示盘托起,从主人位开始,按顺时针方向用右手将餐盘摆放于餐位正前方,盘内的店徽图案要端正,盘边距桌边1厘米,展示盘中心与餐位中心对齐;展示盘间的距离要相等。

(四)刀、叉、勺

从展示盘的右侧顺序摆放餐刀、叉、勺。摆放时,应手拿刀、叉、勺柄处,从主刀开始摆。刀、叉、勺由内向外摆放,左叉、右刀、勺。

(1)主刀摆放于展示盘的右侧,与餐台边呈垂直状,刀柄距桌边1厘米,刀刃向左,与展示盘相距1厘米。

(2)鱼刀、头盘刀、汤勺、主菜刀摆放间距0.5厘米,手柄距桌边1厘米,刀刃向左,勺面向上。

(3)主叉放于展示盘左侧,与展示盘相距1厘米,叉柄距桌边1厘米。

(4)摆放鱼叉时,鱼叉柄距桌边5厘米,叉头向上突出。头盘叉(开胃品叉)叉面向上,叉柄与主叉柄平行。甜食叉,放在展示盘的正前方,叉尖向右与展示盘相距1厘米。

(5)甜食勺,放在甜食叉的正前方,与叉平行,勺头向右,与甜食叉的叉柄相距0.5厘米。

（五）面包碟、黄油刀、黄油碟

摆放顺序：面包碟、黄油刀、黄油碟。

（1）展示盘左侧10厘米处摆放面包盘（距开胃品叉3厘米）。面包盘与展示盘的中心轴取齐。

（2）黄油刀置于面包盘右侧边沿1/3处，刀刃向左；黄油刀中心线与面包盘的中心线平行，刀柄朝右下方。

（3）黄油碟摆在面包盘右前方，在黄油刀尖正上方3厘米处；图案摆正，黄油碟中心线与黄油刀成直线。

（六）酒具

操作时手持杯的中下部或颈部，摆放顺序：白葡萄酒杯、红葡萄酒杯、水杯。

（1）白葡萄酒杯摆放在开胃品刀的正上方，杯底中心在开胃品刀的中心线上，杯底距开胃品刀尖2厘米。

（2）红葡萄酒杯摆在鱼刀上方，杯底中心与白葡萄杯底中心的连线与餐台边成45°角。

（3）水杯摆在主刀的上方，杯底边缘线主刀线相切。

（4）三杯成斜直线，向右与水平线呈45°角；各杯身之间相距约1厘米。

（七）盘花

盘花摆放在展示盘内，要求摆放一致，左右成一条线，造型要求美观、大小一致位，突出正副主人位，餐巾折花花型搭配适当，将观赏面朝向客人。

（八）花饰（或其他装饰物品）

置于餐桌中央和台布中线上且高度不超过30厘米。

（九）烛台

烛台与花饰（或其他装饰物品）相距20厘米，烛台底座中心压台布中心凸线，两个烛台方向一致，并与杯具所呈直线平行。

（十）椒盐瓶

椒盐瓶与烛台相距10厘米，且中心压在台布中心凸线上。

（十一）烟灰缸、火柴

烟灰缸要放在正、副主人的正前方，它的中心在正、副主人展示盘的中心垂直线上，距椒、盐瓶的中心2厘米。火柴平架在烟灰缸上端，画面向上。摆放时，从第一主人右侧开始，每隔一位摆放一个烟灰缸。

(十二) 西餐宴会摆台示意图

西餐宴会摆台示意图见图 2-47、图 2-48 所示。

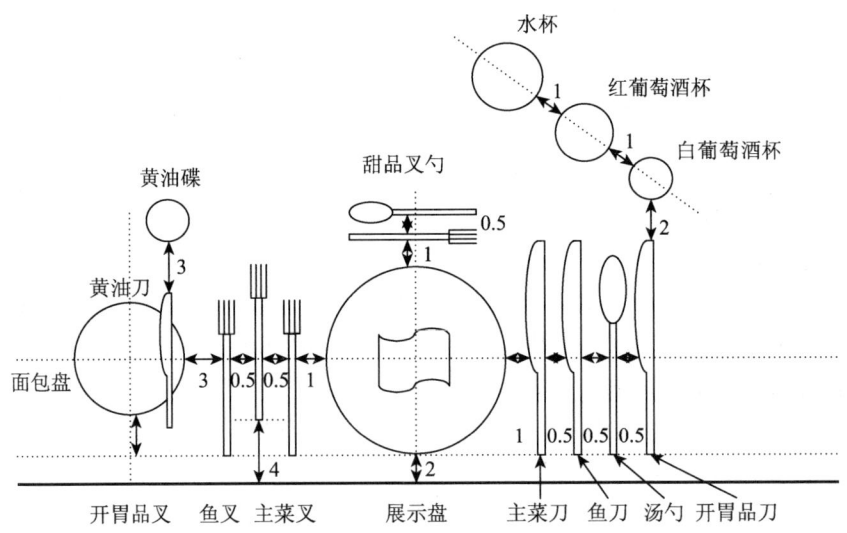

图 2-47 西餐宴会摆台示意图一

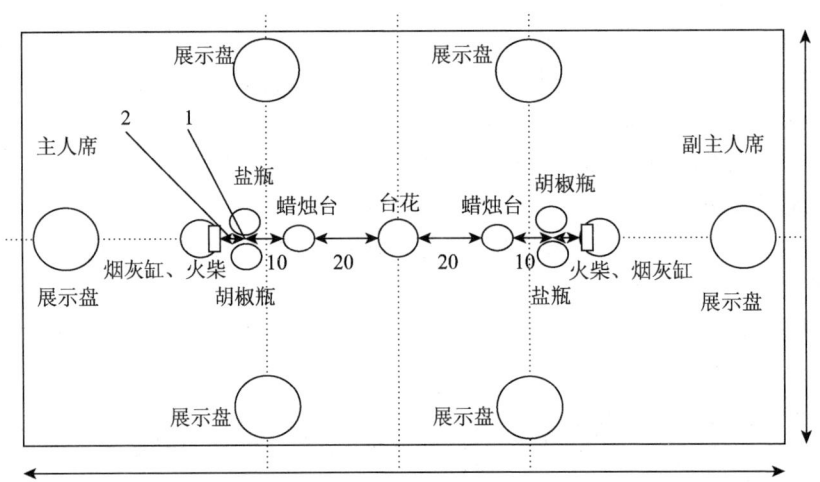

图 2-48 西餐宴会摆台示意图二

第三节 斟酒

斟酒也是餐厅服务的重要内容之一,尤其在高级的中餐酒席、宴会以及西餐酒席,常常由服务员斟酒。酒水服务具有较强的技术性和技巧性,正确、迅速、简洁、优美的酒水服务可以让宾客得到精神上的享受,同时会大大提高消费的档次。因此,服务员掌握一般的斟酒方法和有关知识,对做好服务工作十分必要。

一、斟酒的基础知识

各种宴会酒席预订的酒品应该事先准备好。对于高级宴会场合,应根据宴会规格、标准同接待单位事先商定宴会酒水。

(一) 酒水准备事项

(1) 各种酒席、宴会预订的酒品,应事先准备齐全。准备好的酒水要摆放整齐,注意将矮瓶、高瓶分放前后,既美观又方便取用。

(2) 斟酒前,需将酒瓶擦拭干净,特别要擦去塞子屑、擦净瓶口部位,同时需仔细检查酒水质量,如发现瓶子破裂或酒水有变质现象(浑浊,有悬浮物、沉淀物等),应及时调换。

(3) 示酒。宾客点用的整瓶酒,在开启之前都应先让主人过目。服务员在点酒宾客的右后侧,左手托瓶底,右手扶瓶颈,酒标朝向宾客,让宾客辨认。示酒是斟酒服务的第一道程序,它标志着斟酒服务操作的开始。

① 示酒的作用。

a. 标志开始酒水服务操作;

b. 表示对客人的尊重;

c. 可以核实一下酒品有无差错;

d. 证明商品的可靠性。

② 示酒的方法。

a. 服务者站于主人的右侧,左手托瓶底,右手扶瓶颈,酒标面向客人,让其辨认。

b. 当客人认可后,才可进行下一步的工作。

c. 如果没有得到客人的认可,则去酒窖更换酒品,直到客人满意为止。

(4) 餐厅服务员要了解各种酒类的饮用方式,特别是酒品的最佳奉客温度,并采取加温或降温的方法使酒品温度适合饮用。

① 冰镇(降温)。

a. 冰镇的目的。

众多酒水的最佳饮用温度低于室温。保证最佳的奉客饮用温度是向宾客提供优质服务的一个重要内容。因此较高档的餐饮服务场所通常需为宾客提供酒水冰镇服务。

常用酒水的最佳饮用温度见表 2-1:

表2-1　常用酒水的最佳饮用温度

酒水名称	最佳饮用温度
啤酒	4℃~10℃
白葡萄酒	8℃~12℃
红葡萄酒	室温18℃~24℃
香槟和有气葡萄酒	4℃~8℃
清酒	一般以16℃左右为宜,低于13℃则酒香难以挥发和感知;另外清酒可加温后饮用,加温一般加至40℃~50℃
加饭酒	加温至60℃

b. 冰镇的方法。

冰镇通常有冰块冰镇和冰箱冷藏冰镇两种。

冰块冰镇的方法是:准备好需要冰镇的酒品和冰桶,并将冰桶架放在餐桌一侧,桶中放入冰块,冰块大小适中,并加一些水(一半冰,一半水),将酒瓶插入冰块中10分钟左右可达到效果。

冰箱冷藏冰镇的方法是:需要提前将酒品放入冷藏柜中,使其缓缓降至饮用温度。

c. 除对酒水本身进行降温处理外,还可以运用"溜杯"的方法对酒杯进行降温处理。具体方法是:服务员手持酒杯下部,杯中放入一块冰块,摇转杯子,以降低杯子的温度。

②温酒(升温)。

有些酒品需要在饮用前将酒温升高,这样喝起来更有独特味道,这也是一种习惯做法。通常,温酒的方法有水烫、火烤、燃烧、注入。注入即将热饮料冲入酒液或酒液注入热饮料中等,水烫和燃烧一般是当着宾客面完成的。

a. 水烫,即将饮用酒事先倒入烫酒器,然后置入热水中升温。

b. 火烤,即将酒装入耐热器皿,置于火上烧烤升温。

c. 燃烧,即将酒盛入杯盏内,点燃酒液以升温。

d. 冲泡,即将沸滚饮料(水、茶、咖啡等)冲入酒液,或将酒液注入热饮料中去。

③准备酒杯。

备有为各种不同的酒而设计的酒杯对专门销售食品与酒水的餐厅是非常重要的。餐厅服务员应根据酒类品种配备酒杯,并检查杯具的洁净度和完好程度。

(二)开酒瓶

酒瓶的封口常见的有瓶盖和瓶塞两种,瓶盖又分旋盖和压盖两种。开瓶指的是开启瓶盖或瓶塞。

1. 开瓶的基本程序

(1)开塞前应避免酒体的晃动,否则汽酒会造成冲冒现象,陈酒会造成沉淀物窜腾现象。

(2)将酒水瓶揩拭干净,特别是擦去塞子屑、擦干净瓶口部位。

(3)开瓶的动作要轻,尽量减少瓶体的晃动。一般将瓶放在桌面上开启,动作要准确、敏捷、果断。对于软木塞,如有酒塞断裂危险,可将酒瓶倒置,用内部酒液的压力顶住软木塞后再旋转酒钻。

(4)检查酒水质量,如发现瓶子破裂或酒水浑浊有悬浮物、沉淀物等变质现象,应及时调换。

(5)开启的酒瓶酒罐应该留在客人的餐桌上,下面须用衬垫,以免弄脏台布。

(6)开启后的封皮、木塞、盖子等物不要直接放在桌上,应在离开时一并带走。

2. 葡萄酒开瓶方法

在开瓶过程中,动作要轻,以免摇动酒瓶时而将瓶底的酒渣泛起,影响酒的味道。开瓶前,应持瓶向宾客展示。

(1)服务员先用洁净的餐巾把酒瓶包上。

(2)切掉瓶口部位的锡纸,并揩擦干净。

(3)用开酒钻的螺丝刺入软木塞,然后加压旋转酒钻。

(4)待旋转至螺丝锥还有两圈留在软木塞外时,用左手握住酒瓶颈及开瓶器起拔杠杆,右手向上用力牵引取出软木塞(注意不要拉断木塞)。

(5)再将起拔杠杆放松,旋出软木塞放在主人酒杯的右边。

3. 香槟酒的开瓶方法

香槟酒一般需事先冰镇,因此开瓶前一定要揩擦干净瓶身瓶口。香槟酒因瓶内的压力较大,故软木塞的外面套有铁丝帽以防止软木塞被弹出。

(1)开瓶时,应先将瓶口的锡纸剥除。

(2)然后用右手握住瓶身,以45°的倾斜角度拿着酒瓶并用大拇指紧压软木塞,左手将瓶颈处的铁丝帽旋松直到铁丝帽裂开为止,将铁丝帽去掉。

(3)用左手紧握软木塞,转动瓶身,使瓶内的气压逐渐将软木塞弹挤出来,靠瓶内的压力和手拨的力量把瓶塞慢慢地往外拉(不要让软木塞忽然弹出,以免发生意外)。

(4)将瓶子倾斜几秒钟,再除去软木塞,以免酒液溢出。

(5)转动瓶身时动作要既轻又慢,转动瓶身而不是直接旋转软木塞以防将其扭断而难以拔出。

(6)开瓶时,瓶口不能朝向宾客和自己,以防软木塞弹出伤及他人。如已溢出酒沫,将酒瓶呈45°斜握。

二、斟酒的基本要领

(一) 斟酒所需物品

托盘、餐巾、各式酒瓶、各式酒杯、开瓶器。

(二) 斟酒的姿势

斟酒姿势是指斟酒服务时,服务人员持酒瓶的手法以及站立、行走、为顾客向酒杯中斟酒时的动作。

斟酒服务的基础:斟酒前,用干净的巾布将瓶口擦净。从冰桶里取出的酒瓶,应先用巾布擦拭干净,然后进行包垫。方法是:用一块50厘米×50厘米见方的餐巾折叠六折成条状,将冰过的酒瓶底部放在条状餐巾的中间,将对等的两侧餐巾折上,手应握住酒瓶的包布,注意将酒瓶上的商标全部暴露在外,以便让客人确认。斟一般酒时,左手持一块折成小方形的餐巾,右手握瓶,即可进行斟酒服务。斟酒时用垫布及餐巾,都是为防止冰镇后瓶身产生的水滴及斟酒后瓶口的酒液洒在客人身上。使用酒篮时,酒瓶的颈背下应衬垫一块大小适宜的布巾,以防止斟酒时酒液滴漏。

(1) 持瓶姿势。持瓶姿势正确是斟酒准确、规范的关键。正确的持瓶姿势应是:右手叉开拇指,并拢四指,掌心贴于瓶身中部、酒瓶商标的另一方,四指用力均匀,使酒瓶握稳在手中。采用这种持瓶方法,可避免酒水晃动,防止手颤。

(2) 斟酒时的用力。斟酒时的用力要活而巧。正确的用力方法是:右侧大臂与身体呈90°角,小臂弯曲呈45°角,双臂以肩为轴,小臂用力运用腕子的活动将酒斟至杯中。腕力用得灵活,斟酒时,握瓶及倾倒的角度控制就感到自如;腕力用得巧,斟酒时酒液流出的量就准确。斟酒及起瓶均应利用手腕的旋转来掌握。斟酒时忌讳大臂用力及大臂与身体之间角度过大,角度过大会影响顾客的视线并迫使客人躲闪。

(3) 斟酒时的站姿。斟酒服务开始时,服务员应先呈直立式持瓶站立,左手下垂,右手持瓶,小臂呈45°角。向杯中斟时,上身略向前倾。当酒液斟满时,右手利用腕部的旋转将酒瓶逆时针方向旋转,并收向自己身体一侧,同时左手迅速、自然地将餐巾盖住瓶口以免瓶口溜酒。斟完酒,身体恢复直立状。向杯中斟酒时切忌弯腰、探头或直立。

(三) 斟酒的位置

斟酒服务时,服务员应站在客人的右侧身后。规范的站位是:

(1) 服务员的右腿在前,插站在两位客人的座椅中间,脚掌落地;左腿在后,左脚尖着地呈后蹬势,使身体向左略斜。

（2）服务员面向客人，右手持瓶，从客人右侧依次进行斟酒。

（3）每斟满一杯酒更换位置时，做到进退有序。退时先使左脚掌落地后，右腿撤回与左腿并齐，使身体恢复原状；

（4）再次斟酒时，左脚先向前跨一步，后脚跟上跨半步，形成规律性的进退，使斟酒服务的整体过程潇洒大方。

（5）服务员斟酒时，忌讳将身体贴靠客人，但也不要离得太远，更不可一次为左右两位客人斟酒，也就是说不可反手斟酒。

（四）斟酒的方法

斟酒方法一般有两种：一种是托盘端托斟酒，即将客人选定的几种酒放于托盘内，左手端托，右手取送，根据客人的需要依次将所需酒品斟入杯中。这种斟酒的方法能方便顾客选用。另一种是徒手斟酒，即左手持餐巾，右手握酒瓶，把客人所需酒品依次斟进宾客酒杯中。

（1）托盘斟酒时，服务员站在宾客的右后侧，右脚向前伸进两椅之间，侧身而上，左脚微微跷起。左手托盘外撤，保持平衡，右手拿瓶斟酒，手势自然，握酒瓶中下部，酒标朝向宾客，瓶口距杯口2厘米，动作稳妥、手法轻缓、举止稳重、风度自然大方。

（2）徒手斟酒多见于一桌宾客一次用同一瓶酒水，徒手斟酒姿势要领同托盘斟酒，左手应持一块干净的餐巾，斟完酒后可以擦去瓶口剩余的酒水。

徒手斟酒可分为桌斟和捧斟。桌斟是酒杯放在桌上直接斟倒；捧斟是一手持瓶，另一手将酒杯捧在手中，站在宾客的右后侧，向杯内斟倒，然后将斟好的酒水放在宾客的右手边，捧斟适合非冰镇酒水。

（五）斟酒的顺序

一般的宴会斟酒顺序是从主人右边的第一位客人倒起，然后顺着逆时针方向逐个斟酒，主人的酒放在最后斟。

（六）斟酒时机

斟酒时机是指宴会斟酒的两个不同阶段：一个是宴会前的斟酒，另一个是指宴会进行中的斟酒。如果顾客点用白酒、红葡萄酒、啤酒，在宴会开始前五分钟之内将红葡萄酒和白酒斟入每位宾客杯中，斟好以上两种酒后就可请客人入座，待客人入座后，再依次斟倒啤酒。

如果顾客点用冰镇的酒或加温的酒，则应在宴会开始后，上第一道热菜前依次为宾客斟至杯中。宴会进行中的斟酒，应在客人干杯前后及时为宾客添斟，每上一道新菜后要添斟，客人杯中酒液不足一半时也要斟添。客人互相敬酒时要随敬酒宾客及时斟添。

（七）斟酒量

酒水的斟倒有一定量的限制：

(1)白酒以八分满为宜,表示尊重。

(2)红葡萄酒斟倒酒杯的1/3,白葡萄酒斟倒酒杯的1/2。

(3)香槟酒要分两次斟倒,先斟至杯的1/3处,待泡沫平息后,再斟至杯的2/3处。

(4)白兰地斟一盎司(以标准白兰地杯横放,杯内的酒液与杯口齐平)。

(5)啤酒顺杯壁斟倒,以酒液占酒杯的八成,泡沫齐杯口不溢出为标准。

(6)如果客人要求啤酒与汽水混合饮用,应先斟汽水,然后再加入啤酒。

(八)斟酒的注意事项

(1)斟酒时,要握着酒瓶的下半部,并将商标朝外显示给宾客。

(2)当斟至适度酒量时万不可猛然抬起瓶身,而应稍停一下,并旋转瓶身,抬起瓶口,使最后一滴酒随着瓶身的转动均匀地分布在瓶口沿上,避免酒水滴洒在台布或者宾客身上。

(3)控制斟倒速度,瓶内酒量越少,流速则越快,斟倒时容易溢出,尤其是啤酒。当啤酒与汽水混喝时要先斟汽水,再斟啤酒。

(4)瓶内酒水不足一杯时,不宜为宾客斟酒,因为瓶底朝天有失礼貌。

(5)碰翻酒杯或酒满溢出时,要迅速铺上干净餐巾并重新斟酒。

三、中餐宴会斟酒

(1)中餐宴会一般使用两种酒:一种是酒精度数较高的烈性酒,如茅台、五粮液、西凤酒、大曲等;另一种是酒精度数较低的发酵酒,如葡萄酒、啤酒、黄酒等。饮料一般是矿泉水、茶、雪碧、可乐、七喜等。预订宴会用什么酒,应征询主办方意见。

(2)斟酒时机。重要宴会宾主一入席,往往主人会举杯祝酒。因此,在开席前10分钟左右,须将烈酒和葡萄酒斟好,啤酒、软饮料等则是在宾客入座后斟倒。

(3)给宾客斟酒前应先示意一下,征得同意,若宾客不同意,遵从宾客意见调换。

(4)中餐斟酒顺序一般先从主宾开始,先斟男主宾,后斟女主宾,再向左绕台依次进行,最后斟主人,以表示对宾客的尊重。如有欧美宾主参加的宴会,则先斟女主宾,后斟男主宾。高级宴会的斟酒顺序则是先主宾,再从左绕台依次为主人、其他宾客斟酒。两位服务员同时斟酒时,一位从主宾开始,另一位从副主宾开始,按座次绕台进行。

(5)中餐宴会在宾主祝酒讲话时,服务员应停止一切活动,端正静立在僻静位置,不可抓耳挠腮,交头接耳。并要注意宾客杯中的酒水,见喝到只剩下1/3时,就应及时为其斟倒酒水。主人讲话即将结束时,服务员要把主人的酒杯送上,供主人祝酒。主人离位给来宾祝酒时,服务员应托着酒水,跟随主人身后,及时给主人或来宾续酒。

四、西餐宴会斟酒

西餐宴会用酒和中餐宴会不同。西餐几乎每道菜都要饮酒,吃什么菜跟什么酒,喝什么酒用什么酒杯都有严格的规定。较高级的西餐酒席宴会,一般要用七种以上的酒,也就是说,每道菜都配一种酒。

以一般西餐宴会为例,将各道菜点所配酒水和所用酒杯以及斟酒方法列举如下(西餐斟酒的顺序要以上菜的顺序为准)。

(1)上沙拉或海味菜时,配具有开胃解腥作用的烈性酒,使用利口杯。

(2)上汤时,配雪利酒,使用雪利杯。在斟酒之前,将雪利杯与利口杯对调一下位置,方便宾客举杯(斟每道酒前都要将上道酒的杯子调在外档)。

(3)上鱼或海鲜菜时,配度数较低的白葡萄酒、玫瑰酒,使用白葡萄酒杯。一般白葡萄酒需冰镇,因此,斟酒之前,要将瓶身擦净,用口布包着酒瓶斟酒,以防止酒滴在宾客身上。

(4)上副菜时,配红葡萄酒,使用红葡萄酒杯。陈年质优的红葡萄酒往往沉淀物较多,应在斟用前将酒过滤。

(5)上主菜或肉类菜时,配香槟酒,使用香槟酒杯。香槟酒是主酒,除主菜跟香槟酒外,上其他菜肴、点心或讲话、祝酒时,也可跟上香槟酒。斟倒香槟酒前,应做好冰酒、开酒、清洁、用餐巾布包酒等各项准备工作。香槟酒中有充足的气体,开瓶时会发出清脆的响声。在隆重的宴会上,使用香槟酒时,各席桌要同时开瓶,协调一致,使响声连成一片,以增加宴会的热烈气氛。

(6)上甜点时,配波特酒,使用红葡萄酒杯。

(7)上水果和干酪时,一般不配酒。

(8)上咖啡时,配利口酒或白兰地,使用利口酒杯或白兰地杯。

(9)在进行斟倒葡萄酒的服务时,首先将酒注入主人酒杯内 1/5 量,请主人品评酒质,待主人确认后再按顺序进行酒水的斟倒服务。

(10)西餐斟酒顺序。斟酒前先请主人确认所点酒水的标识,并请主人先行品尝,然后按女主宾、女宾、女主人、男主宾、男宾、男主人的顺序依次斟酒。

五、鸡尾酒会斟酒

鸡尾酒会不设席位,宾客是自由来回交谈。鸡尾酒会的上菜和斟酒与其他形式的宴会有所不同。所有的菜肴、酒水、甜点等都分门别类摆放在固定的餐台上。

鸡尾酒会斟酒,是在酒会开始后分别由服务员用手托着酒盘,在宾客中来回端送。如此循环往复,直至酒会结束。宾客也可自行到餐台取酒和取菜肴、甜点等。

第四节 点菜

点菜是宾客购买酒店餐饮产品的初始阶段,它关系到整个服务过程的成败。如果点菜的服务不周到,宾客很可能会拂袖而去,甚至可能对餐厅的整个服务不满。因此,周到、热情、切合宾客需求的点菜服务能让宾客从中感到超值的享受,使宾客对饭店餐厅留下深刻的印象,并且能增加宾客在饭店的消费。

一、引座

引座是宾客进入饭店餐厅后接受服务的开始,规范优质的引座能使宾客对饭店餐厅留下良好的第一印象,同时,引座技能运用得恰到好处,可以使饭店餐厅的空间得到很好的利用,方便餐厅员工的服务,衬托出餐厅环境的有序和不同一般,增加宾客的满意度。

引座的具体技巧:

(1)根据宾客的人数安排相应的地方,使宾客就餐人数与桌面容纳能力相对应。这样可以充分利用餐厅的服务能力。

(2)饭店的引座应当表现出对宾客的诚意推荐,在具体的引座、推荐过程中应当尊重宾客的选择,使双方的意见能很好地结合起来。

(3)第一批宾客到餐厅就餐时,可以将他们安排在比较靠近入口或距离窗户比较近的地方,使后来的宾客能感受到餐厅的人气旺盛,构造出热闹的氛围,避免给客人留下门庭冷落的印象。

(4)对于带小孩的宾客,应尽量将他们安排在离通道较远的地方,以保证小孩的安全,同时,也利于餐厅员工的服务。

(5)对于着装鲜艳的女宾,餐厅可以将其安排在较为显眼的地方,为餐厅增光添彩。

(6)对于来餐厅就餐的情侣,可以将其安排在较为僻静的地方。

(7)餐厅经营高峰时,引座员工要善于做好调度、协调工作,灵活及时地为宾客找到位置,掌握不同桌面宾客的就餐动态。

二、点菜

(一)基本程序

点菜的基本程序看起来比较简单,包括递送茶水、手巾→等候点菜→递送菜单→点菜→记录菜名。但要将这些程序有机地结合起来,达到使宾客满意的效果,却不是一件简单的事情。宾客对菜食的喜好程度不同,饮食习惯、方法不同,对餐厅供应产品的熟悉程度不同,对产品风味和产品价格的要求不同,这些都需要在点菜的过程中予以注意,并妥善解决。

(二) 基本要求

从宾客的要求和饭店餐饮服务的特点来看,点菜服务有以下几点基本要求。

1. 掌握时机与节奏

在宾客就座后几分钟内要及时入房点菜。

2. 揣度宾客的表情与心理

特别在开始点菜时应细心观察。要掌握"一看二听三问"的技巧。

(1)"看",看宾客的年龄、举止情绪,是外地人还是本地人,是吃便饭还是洽谈生意、宴请抑或朋友聚餐;调剂口味是炫耀型还是茫然型;还要观察谁是主,谁是宾。

(2)"听",听口音,判断宾客来自的地区,从宾客的交谈中了解其与同行人之间的关系。

(3)"问",征询宾客饮食需要,做出适当的菜点介绍。

3. 认真与耐心

详细介绍、推荐,耐心倾听宾客的意见。

4. 语言与表情

包括礼仪、谈吐、笑容,要有良好的语言表达能力。所谓良好的语言表达能力就是灵活、巧妙地运用能使宾客满意的语言。

5. 知识与技能熟练

(1) 对菜品、点菜等知识要有充分的认识。

(2) 根据观察来判断宾客的要求。

(3) 掌握业务知识与技能。

(三) 服务方法

点菜时,服务人员除了按基本程序和基本要求为宾客服务之外,还应具备灵活处理特殊问题的能力。这种能力是素质和修养的体现,是经验、技能和技巧的反映,是灵感和智慧的结晶。

一般来讲,我们可以把点菜服务的方法归纳为以下四种:

1. 程序点菜法

熟记菜名,快速、准确报出各种菜的名称。

2. 推荐点菜法

推荐饭店特色菜、急推菜。

3. 推销点菜法

按宾客的消费动机来推销。

(1) 吃便饭。来餐厅吃便饭的宾客有各种情况。有的是外地宾客,出差、旅游、学习、居住在本酒店,就近解决吃饭问题;有的居住在附近因某种情况而来餐厅用餐,等等。这些消费者的要求,特点是经济实惠、快吃早走,品种不要太多,但要求快,因此应主动介绍价廉物美、制作时间短的菜肴,应有汤有菜。

(2) 调剂口味。来餐厅调剂口味的宾客,大部分是慕名而来想一尝餐厅的风味特色、名菜、名点或者专门是为某一道菜肴而来。在服务过程中要注意多介绍一些特色菜肴,数量上要少而精。

(3) 宴请。除结婚、庆寿等宴请以外,还有各种原因的宴请,如商务宴请等。这类宾客要求讲究排场,菜肴品种要丰盛,甚至会注重菜肴的精美,因此菜品要充足且在一定的价格范围之内。

(4) 聚餐。如同事、朋友等聚餐。他们要求热闹,边吃边谈,菜肴一般,品种丰富而不多,精细而不贵,有时每人点一个自己喜欢吃的菜,有的也喜欢配菜等,要注意上菜速度不宜太快,应主动帮助加热。

4. 心理点菜法

按宾客的心理来推销。

(1) 炫耀型。此类宾客情感丰富,一般易感情用事,重友情、好面子,以炫耀富有和慷慨邀请朋友,如"打肿脸充胖子"型,有时一餐就用掉两三个月工资,即便是一个人也要点两三道菜。这类宾客,不求快只求好。

(2) 茫然型。此类宾客多数是初来乍到,还不习惯在外就餐,不知到哪个餐厅就餐,也不知吃什么好,对就餐知识和经验比较缺乏,随便找个地方就吃一顿。

(3) 习惯型。这类宾客吃惯了某种食物,这种食物并不一定具有独特的风格,但由于长期食用,在决定就餐时就形成一种心理惯性。习惯型宾客行为,表现为偏好一种小吃,喜好某一饭菜的风味,或信任某一餐厅、某一厨师的声誉。在为此类宾客服务时,应注意与宾客打招呼(最好是加姓),并可试问:"××先生(小姐)还是和上次一样吗?还是另点或由我给您介绍,我们今天推出了×××,是您以前没有用过的。"

(四) 点菜注意事项

1. 按宾客的居住地点和具体生活习惯为其点菜

(1) 对于老年宾客,可以向他们推荐一些比较松、软,不含胆固醇,油脂较低小的食品。

(2) 对于急于用餐赶时间者,餐厅可以向他们推荐一些制作方便、快捷的食品。

(3) 北方人喜欢面食,口味较重,偏好味道浓郁、咸味较重的食品。

(4) 湖南、贵州宾客口味较重,比较喜欢带有辣味的食品,四川人喜欢麻辣食品。

(5)江浙沪一带的宾客比较喜欢甜食,口味清淡。

(6)广东、港澳地区宾客喜欢生、脆、鲜、甜的食品,口味清淡,喜欢在用餐前喝老火汤。

2. 考虑宾客的消费能力

(1)普通消费者。这类宾客构成了餐厅之客人的大部分,点菜时更多地考虑经济实惠,餐厅员工可以向他们推荐一些家常菜。

(2)工薪阶层消费者。此类宾客虽然并不追求高消费,但有一定的消费能力,餐厅员工可以适当地向他们推荐一些档次较高的菜。

(3)高消费者。这类宾客追求高消费、高享受,点菜时既考虑到营养价值又要观赏价值。餐厅员工可以向其推荐一些比较名贵的菜肴或新鲜野味。

3. 各色菜种的搭配组合

(1)烹调方法的组合:在点炒菜的同时,可以推荐宾客兼顾到用煮、扒、烧、煲、炖、扣、蒸等方法所烹制的菜品。

(2)冷菜与热菜的组合:一般用餐的时候既要有冷菜又要有热菜,当宾客点冷菜较多而热菜较少的时候,可向宾客作适当的提醒。

(3)上菜速度的组合:有些菜如东坡肘子制作的时间相对要长一些,可以再向宾客推荐一些烹制速度较快的菜肴以免使其久候。

(4)菜肴颜色的组合:点菜时可以考虑不同颜色的适当搭配,绿、黄、红、白几种颜色兼有,能增加视觉上的愉悦和心理上的轻松,增加宾客的食欲。

(5)荤与素的组合:太多的油性食品不利于身体健康,可以建议宾客在点菜时注意到荤菜与素菜的恰当搭配。

(6)形状的组合:食品的形状有条、块、片、粒、茸等,不同形状的菜组合在一起同样有助于形成视觉的美感,使宾客欣赏到食品烹制方法的多样性。

4. 就餐人数与菜的分量相宜

餐厅员工在向宾客推荐菜肴的时候要考虑到宾客的就餐人数,据此来确定为其点菜的分量。但最终确定的菜的分量要尊重宾客的意愿和实际情况。通常每道菜的分量是既定的,但也有一些特殊的菜是根据宾客的需求而有不同的分量。

5. 注意酒水的推销

酒水的利润较高,在点完菜后,不要忘记询问宾客是否需要酒水,并根据情况适当介绍。绝对禁止恶意推销。

(五)记录菜名

记录菜名及宾客的具体饮食需求,是餐厅能够清楚地掌握宾客的需要,从而准确地为宾客展开服务的重要一环。

(1)在写菜时应注意按照宾客的提议或需求分量来写,将宾客的需求准确地写在订菜单上,如有听不清楚或不明白的菜名,不可擅自做主,应当礼貌地向宾客问清楚。

(2)宾客不能很快决定自己所要的菜点时,餐厅员工应耐心地等待,热情地为宾客介绍、推荐饭店的特色菜和其他菜的风味、特点。

(3)如果宾客点菜确实比较慢或餐厅快要结束营业时,应委婉礼貌地向宾客解释。

(4)宾客未到齐时,菜单上应注明"叫菜",赶时间的宾客应注明"加快",有特殊要求的宾客,也应注明如"不吃大蒜"、"不吃糖"、"不吃辣"、"不吃花生油"、"不吃猪肉"等。

(5)海鲜、鱼写清楚做法、斤两,并且询问是否需要确认。

(6)台号、桌数写清楚,点菜时主要宾客的称呼也一并写上。

(7)单据分清送交不同部门。

(8)记录好之后,应向宾客复述一遍。

第五节 上菜

上菜也是餐厅服务人员的一项必备的基本技能,它不是一种简单的服务操作过程,而是涉及传统习惯以及礼貌礼节等多方面的知识和技能。因此一定要认真学习、准确掌握。

一、中餐上菜

目前中餐宴会上菜的顺序一般为:第一道凉菜,第二道主菜,第三道热菜(菜数较多),第四道汤菜,第五道甜菜(随上点心),最后上水果。

(一)上菜的程序和规则

中国地方菜系很多,宴会的种类也很多,如燕翅席、海参席、全鸭席、全羊席、全素席、满汉全席等。宴会席面不同、地方菜系不同,其菜肴设计安排上也就不同,在上菜程序上也不可能完全相同。

例如,全鸭席的主菜北京烤鸭,就不作为头菜上,而是作为最后一道大菜上,人们称其为"千呼万唤始出来"。而谭家菜燕翅席,因为席上根本无炒菜,所以在主菜之后上的是烧、扒、蒸、烩一类的菜肴。

又如上点心的时间,各地习惯亦有不同。有的是在宴会进行中上,有的是在宴会将结束时上;有的甜、咸点心一起上,有的则分别上。

这都是根据宴席的类型、特点和需要,因人因事因时而定。基本原则是既不可千篇一律,又要符合中餐宴会相对固定的上菜程序。中餐宴会上菜需掌握的原则是:先冷后热,先菜后点,先咸后甜,先炒后烧,先清淡后肥厚,先优质后一般。

1. 上菜程序

一般中餐宴会上菜的程序是:

第一道是凉菜或冷盘,(约8分钟后)第二道是开胃汤(分汤后,换盘与碗等),第三道是头菜(一般为宴会的代表性的菜点),第四道菜为主菜(较名贵的菜),第五道是一般热菜(数量较多,又可以细分为先爆炒菜,后烧烤菜,再素菜,最后鱼。一般台面上不要超过六个菜,除非宾客要求把菜留在桌上,而且菜不能垒放。一个菜放台面的中间——除了分菜和转盘之外,两个菜相对而放,三个菜呈三角,四个菜呈正四方形,五个菜呈五角星形等),第六道是汤菜(正式的汤,或二汤,例如婚宴中的两汤、四汤或六汤),第七道是甜菜(随上点心),最后在主食之后上水果。

中餐酒席宴会又分为旧式和新式,二者上菜的顺序略有不同。

(1)旧式酒席上菜顺序:第一道上水果(上第二道菜时撤);第二道上冷盘;第三道上热炒菜;第四道上头菜;第五道上第二大菜;第六道上咸汤跟咸点心;第七道上鱼菜;第八道上甜菜;第九道上甜汤、甜点心;第十道上座菜(炖菜);第十一道上小碟饭菜;最后上饭,然后再上水果。

(2)新式酒席上菜顺序:第一道上冷盘;第二道上头菜;第三道上烧烤菜;第四道上爆炒菜;第五道上甜菜;第六道上甜汤跟甜点心;第七道上鱼菜;第八道上素菜;第九道上座菜(炖盆)跟点;第十道上小碟饭菜;第十一道上水果。

2. 上菜规则

中餐宴会上菜的基本规则是:先冷后热、先菜后点、先咸后甜、先炒后烧、先荤后素;先干后汤、先菜后汤;先清淡后肥厚、先优质后一般以及遵循一般的风俗习惯。

如宾客对上菜有特殊要求,应灵活掌握。中式粤菜上菜顺序不同于其他菜系,是先汤后菜。

上菜一般是边上菜边报菜名,或后退一步远离餐桌后报菜名,并回答宾客提出的问题。上不同大类的菜肴之间,要更换骨碟、汤碗等餐具,配料碟,递送小毛巾(如果没有一次性小毛巾的话)和洗手盅、牙签等物品。

3. 上菜的方式

上菜的方式主要有三种:一种是将大盘的菜上到桌上,由宾客自取或互相敬让(大盘);另一种是服务员托上菜盘逐一往宾客的食盘中分让(大盘分菜);再一种是主宾席的上菜,用碗或小盖碗盛装,在每位宾客的桌面前上一份(称为单吃)。

一个宴会采取何种方式上菜,可根据宴会的规格、出席的人数、主办单位的要求来确定。不同的菜式和菜品有不同的要求,视具体要求而定。

(二) 上菜的时机和速度

1. 上菜的时机

为了保证菜点的质量(火候、色泽、温度等),使宾客吃得可口满意,服务员要能够恰到好处地掌握上菜的时机和速度。菜上得慢了,会造成菜点冷得过快;如果菜上得过快,会使宾客吃不好。要做到恰到好处,必须了解不同餐饮方式的上菜时机。

零点餐上菜,冷盘应在宾客点菜10分钟之内上桌,15分钟或20分钟之内上热菜,宾客较少时,一般30~45分钟左右上完全部菜品,也可以根据宾客要求灵活掌握。

宴会则要求冷盘在宴会开始前5分钟上好,宾客入座开席后,当冷盘吃去1/2或1/3左右时,开始上第一道热菜,一般宴会的热菜上菜要注意观察宾客进餐情况,并控制上菜的节奏;如果是婚宴则要在30~45分钟之内快速上完所有的热菜。同时还要看是否有讲话或祝酒,如果有讲话,在什么时候讲(我国的习惯一般是入座双方讲话),有几位主宾和主人讲话,有无讲话稿,大致需要多长时间。对这方面的情况可在宴会开始前即向主办单位的工作人员了解清楚。如果宴会前尚不能确定,可在宴会开始后请主办单位的工作人员直接向主宾和主人征询后予以转告。有的宴会由于种种原因不能确定讲话的情况,就需要服务人员注意观察,灵活掌握。有时宴前告知席间不作正式讲话,而在宴会进行中间临时发表讲话,在这时如果厨房的菜点正式制作,应立即通知厨师暂缓制作,如果菜点已经烹调出来,要采取临时措施加以保温。

其次要及时与厨房互通情况,将宴会讲话的情况和席间用餐的速度通知厨房,以便于掌握做菜进度。服务人员要熟悉各种菜点的火候要求和烹调大致所需要的时间,做到心中有数,适时上菜。如果上去的菜,宾客还未食用或食用较慢,要通知厨房暂缓做下一道菜,如果宾客食用较快,就要通知厨房快出菜。凡两桌以上的宴会,上菜都要统一动作,不可各行其是,小型宴会上菜视主宾席的动作而行动,大型宴会可在厅内装上指示灯,以黄灯信号表示更换食盘准备上菜,以绿灯信号表示开始上菜,以红灯信号表示停止上菜。

2. 上菜的速度

如无特殊情况,多半视宾客进餐情况决定上菜速度,上菜速度不宜过快或过慢,太快了服务员来不及分派,宾客也来不及品味,太慢了显得台面菜点不丰盛,或出现宾客空等的现象。因此,应掌握好上菜的速度。一般来说,宴会上菜应控制在10~15分钟左右上一道菜或点心。

(三) 上菜位置

(1)餐厅服务员在为宾客上菜时,应选择正确位置。零点餐上菜的服务比较灵活,服务员应注意选择比较宽敞的位置上菜,以不打扰宾客为宜;切忌在老人、儿童和女士旁边上菜。

中餐宴会上菜一般选在陪同和次要宾客之间,或者副主人的右侧(有利于副主人向宾客介绍菜肴),并始终保持在一个位置上。注意宴会的整体气氛和不同餐台之间的上菜位置。

(2)分菜、盛汤等一般应在宾客的右侧,一个分菜位只能为一位宾客分菜;先宾后主,先主宾后一般宾客,先女士后男士,或者按照宾客的示意进行,抑或顺时针依次进行。

(四)上菜动作与要求

(1)上菜前的准备工作。要先看一下菜单,记下菜点的名称和用餐特点,以便回答宾客可能提出的问题,撤下前一道菜的餐盘,并根据将要上的菜点的品种,换上适当餐具(上一般的菜换上餐盘,上汤汁或多不便用筷子夹起的菜则应上小碟并配带小勺)。如果上需要用手直接拿取的菜点,如烤鸭、手抓羊肉、烤全羊等,要先上毛巾(在客人右侧)供宾客擦手。上带有配料的菜点,要在菜点上桌之后及时跟上,或在上桌之前先上配料。

(2)餐厅服务员将菜肴放在托盘内端至桌前,左手托托盘,右腿在前,插站在两位宾客的座椅之间,左腿在后,侧身用右手上菜,把菜品送到转台上,报清菜品名称,然后按顺时针方向旋转一圈,等宾客观赏完菜品后,转至主宾面前,让其品尝。上下一道菜品时,将前一道的菜移到其他位置,将新菜放在主宾面前,残菜应随时撤下,但不要撤得太多,菜盘应及时调整,注意盘与盘之间的距离,保持桌面整洁、美观。

(3)主宾桌上菜的操作方法。规格较高的宴会,主宾席上一般都采用单吃的方法上菜,上菜的基本方法是:从宾客右手一侧撤下前一道菜的餐盘,然后用托盘端上相应数量的菜点,在宾客的右手一侧,将右腿伸入两把椅子之间的空当,用右手端起菜盘,轻轻稳当地放在宾客面前,上菜的过程中,端托盘的左手要向外伸出,并注意保持身体平衡。

中餐散座上菜动作要求与宴会上菜基本相同,但应注意上菜的位置不能选在老人或儿童身边,以免发生意外。

(五)上菜服务规范及安全要求

1. 总体要求

桌上的菜品应按格局摆放好,要讲究造型艺术,尊重主宾,注意礼貌,方便食用。

2. 上菜时菜品摆放的具体要求

(1)主菜肴的看面应正对主位,其他菜肴的看面要朝向四周。菜肴的看面,就是适宜观赏的一面,如整形有头的菜,像冷拼中孔雀开屏、喜鹊登梅等,其头部为看面。而头部被隐藏的菜肴,如烤鸭、八宝鸡等,其饱满的身子为看面。盅类的菜其花纹刻的最精致的部分为看面。一般菜肴,其刀工精细、色泽好看的部分为看面。

(2)各种菜肴摆放时要讲究造型艺术,应根据菜品原材料的颜色、形状、口味、荤素、盛器、造型,对称摆放。原则是讲究造型、颜色搭配。

(3)如一桌有几批宾客,各自的菜肴摆放要相对集中,相互之间要有一定的距离,上菜时应核实菜单,以免发生差错。

(4)上菜时,应注意防止出现空盘、空台的现象;也要防止上菜过快、过勤,出现菜品堆积现象;还要防止撤盘过快,宾客没有食用完,就匆匆撤走。

(5)第一道热菜应放在第一主人和主宾的前面,没有吃完的菜则移向副主人一边,后面菜可遵循同样的原则。

3. 安全要求

餐厅服务员在席间服务中,要保证操作安全。

(1)在上各种菜肴时,应做到端平走稳,轻拿,轻放。

(2)上菜忌讳"推"、"墩"、"拉"、"拽"等,并应注意盘底、盘边要干净。

(3)上带汤汁的菜肴应双手送至餐桌上,以免洒在宾客身上。

(4)上菜时,切不可从宾客肩上、头顶越过,以免发生意外,也不礼貌。

(5)上菜时,大拇指等不可伸入菜盘内,注意上菜卫生。

4. 上菜的基本步法

服务员上菜去菜,为保证安全稳妥,必须掌握行进时的步伐。走菜的过程中,服务员常用步法要求是:一般菜肴走常步,火候菜肴走疾步,汤汁菜肴走碎步,遇到障碍走巧步。

(六) 中餐特色菜肴的上菜要求

1. 上大盘菜

上菜前,先将上一道菜移至副主人的一边,以席间桌上有三道热菜为宜,放在桌面略偏主人一侧,留出足以放下菜盘的位置。当菜点送到工作台后,先用右手拿上两套大菜叉勺,然后用左手端起菜盘(手指不要触到菜点),从陪同人员或翻译人员之间的位置,将右腿伸入两把椅子之间的空当,上身略向前倾,捧出菜盘,稳妥地放到桌面。然后把两套叉勺(勺在上、叉在下)分别反扣搭在位于正副主人右手一侧的大菜盘的边上。在上大盘菜时,应注意以下事项:

(1)要把菜盘端平端稳,汤汁多的菜,不要让汤汁荡出滴洒到宾客身上、桌面或地面上。如果不慎将汤汁洒在宾客的身上要表示歉意并说"对不起,给您添麻烦了",并用毛巾为其擦拭干净(如是女宾,男服务员则不应动手去擦拭)。

(2)在把菜点端至准备上菜的方位后,一定不要匆忙上菜,要使坐席上的宾客意识到服务员要从这个位置上菜后再端上,不然这时若宾客活动或与邻座说话,就有可能将菜盘碰翻。

(3)在往桌上上菜时,胳膊的伸出或收回要小心,不要使胳膊肘碰着宾客、使袖口擦到菜点上或挂倒桌面的东西。

2. 上火候菜

服务员一定要注意动作迅速,免得耽误时间,使菜肴失去火候菜的特色,还应提醒宾客及时品尝,以不失菜肴的焦、酥、脆、嫩的风味特色。

3. 上汤菜

端汤菜不要用抹布垫托,要用垫盘;端汤菜时,手指不能浸入汤内;汤中若有油沫或葱花时,应用羹匙撇出,切勿用嘴吹除。

4. 上有包装的菜肴

如灯笼虾仁、荷叶粉蒸鸡、纸包猪排、叫花鸡等经包装后再烹调的菜式,应将菜肴送上餐台,让宾客观赏后,再拿到工作台上,或直接当着宾客的面在台面上去掉包装,以方便宾客食用。

5. 上炖类菜品

应将炖品上桌后再启盖,以保持炖品的原汁原味,并使菜品的香气在餐桌上散发。启盖后,将盖子翻转过来再移开,以免汤水滴落在宾客或自己身上,抑或餐桌或其他菜品上。

6. 上铁板类菜肴

在餐厅中铁板类菜肴种类多,较常见。在上菜服务中,铁板类菜品的响声可以烘托宴席的气氛,又可以保温,但服务时要注意安全,以免烫伤。

7. 上拔丝类菜肴

如拔丝鱼条、拔丝苹果、拔丝山芋、拔丝荔枝肉等都是容易烫嘴的菜。此类菜肴一般是在宴会接近尾声时,作为一道甜食上席的。它的服务要求是速度快,动作敏捷。此类菜肴上桌时,因为拔丝菜的外皮都挂有一层糖浆,温度较高,外表不容易看出,一定要迅速跟上凉开水,防止烫伤宾客口腔。所以,为方便宾客食用,应事先用小碗盛好凉开水上桌,让宾客把夹起的拔丝菜先在水碗中浸泡一下,使糖稍稍降温凝固后再吃,这样糖脆而不粘牙,既能品尝味道,又能避免烫伤。另外,服务员还应提醒宾客,这道菜应尽快吃完,因为拔丝菜的浆是用高温熔化了的食糖,冷却下来就会结成一个大硬块,吃起来很不方便。

8. 带骨、带壳菜肴服务程序

上刀叉→服务菜肴→上洗手盅→上小毛巾、茶水→撤餐具。

9. 上带配料的热菜

如果有的热菜跟佐料、小料等,应同热菜一起上齐。如清蒸鱼配有姜醋汁,北京烤鸭配有葱、酱、饼等,在上菜时可略作说明。

10. 上易变形的炸爆炒菜

如高丽虾仁、炸虾球、油爆肚仁等,一出锅即须立即端上餐桌。上菜时要轻稳,以保持菜肴的形状和风味。

11. 上有声响的菜

如锅巴海参、锅巴肉片、锅巴什锦,这些菜一出锅就要以最快速度端上台,随即把汤汁浇在锅巴上,使之发出响声。做这一系列动作要连贯,不能耽搁,否则此菜将失去应有效果。

12. 上燕菜

要随上银耳汤,"燕菜"属名贵菜肴,若事先摘毛不仔细,容易残留细毛,吃下对人体有害。而银耳汤中的银耳,可以把随燕菜进入人体并黏附在消化器官的细毛带走,排出体外。所以,上燕菜时一定不要忘记随上银耳汤。

13. 上松花蛋、螃蟹

上松花蛋、螃蟹要配姜、醋汁。松花蛋的腌制过程加入了茶叶、石灰、酚、鞣酸单丁、氧化钠等,这些物质会渗透到蛋体中去,使松花蛋腌制成后有一种氨味。另外,在腌制加工过程中,还有一定量的黄丹粉,是一种有毒的物质。姜、醋汁中含有挥发油和醋酸,能起到去寒、提味、杀菌、解毒的作用。螃蟹是人们非常喜爱的佳肴,但螃蟹寒性大、气味腥,配些姜、醋汁做佐料食用,可以杀菌、祛寒、解腥、提鲜,使人吃起来更上口。

14. 上火锅类菜肴

火锅是中国人比较喜爱的一种就餐方式。目前,各地使用的火锅有三种:一种是烧炭的;另一种是燃酒精和液化气的;再一种是使用电加热的。火锅的就餐方法和一般中餐有所不同,所以,在上菜时也就有些特殊的要求,服务员应特别注意掌握。

火锅上桌时,应同时做好下列工作:

(1)上齐佐餐调味品。根据宾客的口味及吃火锅的习惯,首先将佐餐调味品即各种"底料"上齐,一般包括芝麻酱、腐乳、韭菜花、辣椒油盐、味精及其他不同种类的底料。让宾客在就餐过程中自行取用。

(2)检查汤、炭(燃料)是否添足。火锅一般以木炭为燃料(现在也有以酒精、液化气为燃料的),为保证火足,应提前添好炭块,并点燃烧旺。锅内水(汤)也要加足,以距离锅边1厘米为好,既不要过少,也要防止开锅后,汤溢出锅外。另外,要在火锅的风口底盘倒入适量的凉开水。

(3)火锅与桌面之间要加垫盘并放些水。因为火锅系金属制品,经炭火长时烧烤,锅的温度会升高。所以,为防止烫坏餐桌,常在火锅与桌面之间加垫盘并加些水。

(4) 应使用竹筷。若为象牙筷应换成竹筷,以避免象牙筷遇热变形损坏。

(5) 及时添汤、打沫子。因就餐过程中,炭火一直在燃烧,锅内的汤总处于沸腾状态,而且宾客不断将各种菜加入锅内又捞出,所以,锅内的汤在减少,服务员应随时观察火锅内汤的数量,及时添补,还要将锅内出现的沫子打掉。

(6) 注意卫生。火锅的炭随着燃烧要及时添加。由于炭火燃烧完毕后,会剩下一堆重量极轻的灰,为避免加炭时炭灰的飞扬,服务员应将火锅端离桌面,盖好盖子再加炭,炭火烧旺后再重新上桌。绝不允许在餐桌上直接加炭。炭火过慢时,可以放上一个小拨火烟筒,一般不要在餐桌上用扇子扇,或用嘴吹,那样太不卫生。待到火旺后,可以把小拨火筒取下来。炭火过旺时,烟囱上可以坐一小碗水或其他东西,将火势稍微压一下,待火势减弱再将其取下。

(7) 注意安全。吃火锅最重要的一个问题,就是要注意安全。整个操作过程要平稳,遇事要沉着冷静,不要惊慌失措,发现问题及早处理。使用以酒精为燃料的火锅时,上桌前就应加好酒精,防止外溅,引起火灾,一旦由于酒精外溅着了火,也不要惊慌,可以用沾了水的湿毛巾将火捂灭,不要用嘴去吹,越吹燃烧的面越大。生菜入锅前,应该事先在餐盘中倒上点料酒,轻轻晃动,使生菜能沿餐盘滑入锅内,而不至于因干涩粘在盘上,入锅时溅起水烫着人。一定要注意,火锅与桌布间加垫盘,要防止水干烤焦台布,垫盘内缺水时要及时添补。

15. 上水果

一些酒席宴会需要上水果,在旧式酒席中,水果是第一道菜,但现在,一般是要在宾客吃完点心之后上水果。因为水果中含有大量营养素,能促进人体消化器官的活动及消化腺的分泌,水果中含有大量维生素和矿物质,能使人体生理机能旺盛,所以,饭后上水果,对于解酒、助消化以及促进营养吸收有明显的效果。餐厅服务人员应根据所上水果的品种、形状及宾客的具体要求提供合理的服务。杨梅、葡萄和荔枝等都是带枝叶的水果,上这些水果前,应事先去掉枝叶,将残次果挑出,洗净后盛在干净果盘内,由宾客自行取食。

橘、柑、橙、苹果、梨、桃、香蕉一般以原果上桌为好。先按宾客位数分别摆好碟及水果刀、叉,挑选整洁的果品,洗净消毒后盛入果盘上桌,由宾客自己削皮食用。有时需要服务员帮助削皮时,要注意推刀的方法,要求刀口朝内,而不得向外。

西瓜和哈密瓜应事先洗净切好上席。菠萝带刺,应事先削皮去刺,否则会使人感觉很不舒服,而且上桌时,应同时上一碗淡盐水,宾客吃菠萝前先浸一下盐水,这样口感更好。

16. 上茶

在我国宴客过程中,茶是不可缺少的。在餐厅服务中,宾客到达宴会厅坐定后,服务员即递上香巾,接着即冲上第一杯茶,这是礼貌茶,表示欢迎。此后服务员要经常巡视宾客的茶杯,及时续茶,以示热情。第二次上茶、斟茶是在宾客吃完咸菜品、油腻菜品或炖菜品之后,送上一杯热茶,为的是让宾客清清口齿,除去咸、酸、腥、腻味道,再上甜味菜品、点心及水果。因为茶助消化,还可解酒,所以,当以美酒佳肴款待宾客时,适时敬茶更显得有礼貌。服务员应先将茶泡好,泡茶时要注意水的温度,水温过高,茶就会变成苦涩味,水温过低则难以沏开,茶叶浮而不沉,茶水不香,味不醇,淡而无味。泡茶以80℃~90℃水温为最好,可以保留的味道、香气和营养。泡茶和一次冲水不宜过多,半杯较好。待茶叶发散后再冲开水,俗称"第一开",喝起来味道最佳。冲水后马上盖好盖,以防香气散掉。泡茶以陶瓷杯(壶)为好。

上茶时,茶杯的把应偏右,斟茶时,要一手端壶把,一手按壶盖为宾客斟茶。服务员为宾客斟茶要掌握适量,以八分满为好。"酒满敬客、茶满欺人",给宾客斟茶不要斟得太满,否则是对宾客的不尊敬。为宾客斟茶时,要注意卫生,不能将别人用过的茶杯再给宾客斟茶。茶要有一定的热度,不能为宾客送上已经凉了的茶。另外,上茶时要按照"先宾后主"、"先老后幼"的顺序,要注意礼貌,应双手将茶端到宾客面前,并要说"请用茶"。斟茶后,要注意茶壶嘴应朝外放,不能对向宾客。茶的品种很多,分为红、绿、青、黑、白、黄六大类,各具特色。不同地区、不同民族、不同国家的人们饮茶习惯不同,爱好各有千秋,所以,服务员在上茶时应注意宾客的喜好,尽量"投其所好"。一般来说,亚洲人大都喜爱喝红茶、绿茶和花茶;欧洲人大多爱喝红茶,并加奶、糖等。在我国,一般北方人爱喝花茶,南方人爱喝绿茶和红茶,华南一带崇尚乌龙茶,西南地区喜欢沱茶,西北地区又喜爱砖茶。

17. 上炖冬瓜盅

上炖冬瓜盅要配精盐而不配酱油。冬瓜的水分特别多,瓜味清淡。"冬瓜盅"是用鲜汤配料装入瓜内制成的。由于瓜的肉厚体大,水分多,味道又不容易渗透到瓜中去,因此,食用冬瓜盅,第一轮后便会出现味淡的感觉,在食第二轮时,一般宾客都习惯再加点味。配精盐上席,就是为了满足补充咸味的需要。但若在冬瓜盅中加入酱油便会产生一种酸味。所以,上炖冬瓜盅时,一般应配精盐,而不配酱油。

18. 上烤类菜肴

上烤类菜肴要配大葱、甜面酱。烤鸡、烤鸭等菜肴,油腻较重,口味清淡,有的还带有毛腥气或鸭腥气,配上大葱、甜面酱等佐料,可以起到解腻去腥、调味的作用。如果再配上荷叶饼、家常饼、千层饼之类的面食,更会促进宾客的食欲。

19. 上涮羊肉

上涮羊肉要上配料和调料,配料一般有酸菜、大白菜、菠菜、粉丝等。调料有腐乳、辣椒油、芝麻酱、葱末、酱油、虾油、韭菜花、绍酒、香菜末、雪里红、香油、味精等。

20. 上白切鸡、白切肉

上白切鸡、白切肉等一定要配上芥末、芝麻酱食用,因为白切鸡、白切肉等菜性凉,油腻重,口味清淡,配上芥末、芝麻酱一起食用,可以起到暖胃、起香、增味的效果。

21. 上其他菜品

上鱼翅要配香菜;脆炸菜品要配姜汁、精盐;清汤鱼肚要配上浙醋;烤鹅要配梅子酱;禾花雀要配加柠檬汁;爆双脆配卤虾油;清蒸白鱼配姜醋汁;拌肚丝配芥末汁;春饼合菜配葱丝、面酱;火锅、余锅要带腐乳、韭菜花。

(七) 菜肴摆放要求

1. 菜盘摆放的一般规则

尊重主宾、注意礼貌礼节、方便食用、讲究造型、协调摆放和符合用餐规范。按照菜肴的数量不同,摆放的形状要求一般为:一中、二平、三角、四方、五梅花、六正六边形等,让桌面的菜盘位置始终形成一个美丽的图案。

2. 具体要求

(1) 摆放冷菜。冷菜分为主冷菜和一般冷菜。

主冷菜如拼盘、工艺冷菜等应摆放在餐桌中央,并根据菜品的造型选择最佳的看面对准主位;或者放在转盘上按照一般要求摆放,转到主位处。一般冷菜放在主冷菜的四周,注意荤素、颜色、口味的搭配摆放,盘与盘之间的距离相等。

(2) 摆放热菜,热菜分为主菜和一般热菜。

主菜应摆放在餐桌中央,并根据菜品的造型选择最佳的看面对准主位;或者放在转盘上按照一般要求摆放,转到主位处。高档菜品或有特殊风味的菜品要先摆放在主宾的位置上。其他一般热菜也应按口味、荤素、颜色、盛器、造型等对称或协调摆放。每上一道菜前,都须将餐桌上的菜品做位置上的调整与撤换,让台面始终保持整齐美观。

(3) 上热菜中的整鸡、整鸭、整鱼。中国传统的习惯是"鸡不献头,鸭不献掌,鱼不献脊"。上鸡、鸭、鱼菜时,不要将鸡头、鸭尾、鱼脊对着主宾。而应当将鸡头与鸭头朝右边放置。上整鱼时,鱼腹可向主人。由于鱼腹的刺较少,肉味鲜美腴嫩,因此应将鱼腹而不是鱼脊对着主宾,表示对主宾的尊重。鱼眼朝向主人(如果是转台,服务人员应该把以上鱼的部位转到位)。也可以根据宴会是否用酒以及喝酒的习惯或习俗确定鱼的位置。一般上鱼的时候,鱼头朝宾客,表示对宾客尊重。这个时候,宾客要喝鱼头酒,鱼尾方向的人要喝鱼尾酒,一般的习惯说法是"头三尾四"、"高看一眼"、"腹五脊六"等。

(4) 菜肴摆在转台边缘,然后把转台按顺时针方向旋转一圈,让每位宾客观赏菜的造型,最后在主宾面前停下,再后退一步(为了卫生)报菜名,让主宾先尝。若没有转台,则应把菜肴放在餐桌中心稍靠近主人位置的一侧,把菜肴的观赏面正对主人席位。如是高档菜,则应先摆在主宾位置上,以示尊重,也便于主人为宾客分让。每上一道新菜时,都需将前一道菜移至旁边,将新菜放在主宾面前。

(5)如果有的热菜使用长盘,菜肴最佳观赏面要横向主宾与主人,除了鱼之外。

二、西餐上菜

(一)西餐上菜顺序

(1)西餐上菜服务方式有法式、俄式、英式、美式、意式等,各种服务方式既有相同的地方,也根据不同的礼仪习俗有所不同。一些饭店通常将几种服务方式混合使用。

(2)通常的上菜顺序为:

①头盘:也称为开胃品,一般有冷盘和热头盘之分,常见的品种有鱼子酱、鹅肝酱、熏鲑鱼、鸡尾酒、沙拉、什锦冷盘等,以及面包、黄油(在开餐前5分钟左右送上)、奶油鸡酥盒、焗蜗牛等。

②汤:大致可分为清汤与浓汤(包括奶油汤、蔬菜汤和冷汤)等两类四种。品种有牛尾清汤、各式奶油汤、海鲜汤、美式蛤蜊汤、意式蔬菜汤、俄式罗宋汤、法式葱头汤。

③副菜(中盘):通常鱼虾海鲜等水产类菜肴与蛋类、酥盒菜肴均称为副菜。西餐吃鱼类菜肴讲究使用专用的调味汁,调味汁品种有鞑靼汁、荷兰汁、酒店汁、白奶油汁、大主教汁、美国汁和水手鱼汁等。

④主菜:主菜多为肉、禽类菜肴或高级海鲜。其中最有代表性的是牛肉或牛排,肉类菜肴配用的调味汁主要有西班牙汁、浓烧汁精、蘑菇汁、白尼丝汁等。禽类菜肴的原料取自鸡、鸭、鹅。禽类菜肴原料多用鸡,可煮、可炸、可烤、可焗,主要的调味汁有咖喱汁、奶油汁等。

⑤蔬菜类菜肴:通常为配菜,可以安排在肉类菜肴之后,也可以与肉类菜肴同时上桌,蔬菜类菜肴在西餐中称为沙拉。与主菜同时搭配的沙拉,称为生蔬菜沙拉,一般用生菜、番茄、黄瓜、芦笋等制作。还有一类沙拉是用鱼、肉、蛋类制作的,一般不加味汁。

⑥甜品:西餐的甜品是在主菜后食用的,可以算作是第六道菜。从真正意义上讲,甜品包括所有主菜后的食物,如点心、冰淇淋、奶酪、水果等。

⑦咖啡、茶或餐后酒。

⑧各类小吃,如曲奇饼等。

（二）撤盘时机

（1）每吃一道菜，就要撤换一副刀叉。

（2）待到上甜点时，应该撤去所有刀叉，调味品一同撤下。

（3）当宾客将刀叉合并或平行放到餐盘上，表示不再食用，一般可以撤去；如果将刀叉搭放在餐盘两侧，不可撤去。

（4）撤换餐盘的方法：左手托托盘，右手操作，从主宾的右侧撤下，分别放入托盘中。撤盘顺序同中餐。

（5）撤换烟灰缸方法同中餐。

（三）西餐菜肴与酒水的搭配

（1）餐前酒：可选用具有开胃功能的酒。

（2）头盘：用低度、干型的白葡萄酒。

（3）汤类：一般不用酒。如果需要，可用深色的雪利酒或白葡萄酒。

（4）海鲜：用干白葡萄酒、玫瑰红酒。

（5）肉、禽、野味：用12°~16°的干红葡萄酒。

（6）甜品：配甜食酒。

（7）餐后酒：用蒸馏酒、利口酒。

（四）典型的西餐上菜方法

1. 美式上菜

在厨房内将菜分成一人一份，服务员用左手从宾客左边上菜，从宾客右边撤盘。

（1）用托盘先上汤或开胃品（通常有色拉），从宾客右侧取走餐前酒杯；汤勺与开胃品的餐具放在碟子的右侧。

（2）主菜及配菜烹调好，盛在盘子里，由服务员用托盘端进餐厅，从宾客左侧供应主菜。从宾客右侧撤走主菜盘碟。每人一个餐盘。

（3）用过的汤或开胃品盘碟从宾客右侧取走，然后从宾客左侧再度供应面包及黄油，然后从宾客右侧倒冰水。

（4）假如宾客要咖啡，服务员要从宾客的右侧供应。

（5）甜点从宾客的右侧供应和服务。

2. 俄式上菜

一般将食物在厨房完全准备好，放入大浅盘中，由服务员端到餐厅，服务员用左手托盘，右手用服务勺把菜分到宾客的餐盘中。

（1）主菜或其他菜肴的服务。将菜肴整齐地放在大银盘里，服务员端进餐厅，从主人开始，逆时针方向为宾客服务，银盘中剩余的菜肴退回厨房。

（2）汤的服务。服务员按顺时针从宾客右边用右手将孔昂餐盘逐一放在宾客面前,然后回到服务台,用左手端起盛汤的大银盘,用右手从宾客左边分给宾客。

3. 法式上菜

菜肴的最后一道烹饪程序是在宾客面前的服务车上完成的。有两名服务员,一名服务员在餐车上将菜烹饪好,分到餐盘中,另一名服务员将盘中的菜端给宾客。

(1)助理服务员用右手从宾客右侧端上和服务,一般的菜点都从右侧服务。

(2)面包、黄油碟、沙拉碟及一些特殊的盘碟必须从宾客的左侧供应和服务。

(3)汤由助理或首席服务员用右手从宾客右侧供应和服务,放在宾客的底盘上,并放上一块叠好的餐巾。

(4)主菜的服务方式同汤一样,不过若有沙拉要与主菜一同端上。

(五)西餐上菜要求

1. 按顺序上菜

上菜顺序为面包、黄油等头盘—头汤—副菜—主菜—配菜—甜品—咖啡与茶等。

2. 先斟酒后上菜

任何一道需要配饮酒类的菜品,在上桌之前均应先斟酒后上菜。

3. 上菜顺序

所有菜品上桌时均需遵循先女后男、先宾后主的顺序依次进行。上菜一般用右手从宾客右侧进行。

第六节 派菜

派菜,又称为分菜,它是宴会服务中一项细致的工作,是服务员应该掌握的服务技能之一。分菜是先把菜或汤送上桌,让宾客先观赏,然后由服务员分给每一位宾客。

一、中餐分菜

在中餐进餐过程中,有些菜肴不方便宾客直接取用,这时分菜服务就显得必要了,尤其是在要保持宾客进餐姿势优雅的正式宴会上。

(一)中餐分菜工具与使用

(1)分菜叉勺。

服务人员右手握住叉勺把的后端,叉上勺下,勺面向上,叉的底部向勺面,在夹菜肴或点心时主要依靠手指控制,食指与拇指捏住勺把,配合控制叉子,其余三指控制勺子,无名指与其余两指分别放在勺把的两侧。对于带汁菜肴则用勺子盛舀汤汁。

（2）公用勺筷。

服务人员站在宾客左侧，左手持公用勺，右手持公用筷，相互配合，将菜肴分到宾客的餐盘中。

（3）长柄汤勺。

主要用于分汤，汤中有菜时还需要配合公筷。

（二）分菜准备工作

分菜前，服务人员要整理好备餐台，备餐台上摆放好分菜用的各种工具，准备好干净的骨碟。当传菜员将菜肴送来时，值台服务员将菜肴端上桌，放在转台边缘，转至主宾位，报菜名，然后旋转转台，让每一位宾客观赏菜肴，待宾客观赏完毕方可分菜。

（三）分菜方法

1. 叉勺分菜法

菜肴上桌展示介绍后，用左手垫上餐巾将菜盘托起，右手拿叉勺进行分菜。侧身站在宾客左侧，身体不能斜靠在宾客身上。分菜时要掌握分量，要做到分派平均，一勺到位，绝不允许将一勺菜分给一位以上的宾客。每道菜不要分光，要留下1/10以示菜肴丰盛（但按宾客数量进行配送的除外，如酸汤鱼丸等）。

2. 转台分菜法

又称二人合作式分菜法。操作时，一名服务员站在翻译和陪同的位置为宾客分菜，另一名服务员站在宾客的左侧为宾客送菜。

3. 分菜台分让法

即旁桌分菜法，是指菜肴由传菜员送来后，值台服务员先将菜肴放在餐台上向宾客展示，介绍菜名、菜肴特色，然后值台服务员将菜肴取下来放在独立的分菜台上进行操作。菜分好后，从宾客左侧送上。

（四）分菜顺序

分菜顺序同斟酒顺序：先主宾，然后顺时针进行。

（五）分菜基本要求

1. 注意卫生

服务人员在分菜前要将手清洗干净，用具要洁净，操作要利落，不要把汤汁弄出餐盘外或洒在餐桌上。

2. 动作利索

因为很多中餐菜肴的最佳口味与其温度有密切关系，所以，服务员要以最快的速度完成分菜服务。同时注意操作要轻，不要发出噪音。

3. 分菜均匀

分菜时，服务员要首先计划好，注意分菜均匀，不然就会失礼。有两种以上原料的菜要注意搭配,汤菜主次搭配合理,头、尾、残骨不宜分给宾客。

4. 佐料跟进

在上需要佐料的菜肴时,要将佐料也一同奉上。

(六) 中餐各类菜肴的分菜方法

1. 鱼

首先要剔除鱼骨。正确的方法是用公用勺压住鱼头,用公用筷从头至尾把鱼肉拨在鱼盘一边,切勿弄碎、弄乱,然后切断鱼头、鱼尾,剔除中间鱼骨。剔除鱼骨时注意不要把鱼肉戳碎,要尽量保持原形。待鱼汁浸透鱼肉后,再用餐刀将鱼肉切成若干块,按宾主先后次序分派。

2. 鸭

先用公用筷压住鸭身,用公用勺将腿肉和鸭胸肉切扒成若干均匀鸭块,再按宾主次序分派。鸭头、鸭尾不分,留在碟内,随宾客自行取食。

3. 肘子

用公用筷压住肘子,用公用勺将肘子切成若干块,再按宾主次序分派。

4. 蛋煎制品

用公用筷压住蛋饼,用餐刀或公用勺将蛋饼扒成若干块,再按宾主次序分派。

5. 冬瓜盅

冬瓜盅是夏令名菜,带皮的炖品。由于瓜身高,一般要做两次分派。第一次先用公用勺将上段冬瓜肉和盅内配料汤汁均匀分派给宾客;第二次先用餐叉叉住瓜皮,后用餐刀从上向下切,横削去皮,一般分四刀削完。

6. 拔丝甜菜

分派时用公用筷将甜菜一件件夹起,随即放在凉开水中浸一下(避免烫伤宾客),再夹到宾客碟里。分的动作要快,即上、即拔、即浸、即食,否则冷却后,糖会粘在一起,很难食用。

7. 鸡

分时用公用筷先将鸡腿、鸡肉夹在公用勺中,再将随拼的配菜也夹放在公用勺中,然后放入宾客的餐碟中。要注意使鸡皮朝下、鸡块保持完整。鸡头、鸡尾一般不分给宾客,由宾客自行取食。

二、西餐分菜

(一) 西餐分菜工具与使用

1. 西餐分菜工具

服务叉一把、服务匙一把、切肉刀一把、切肉叉一把。

2. 使用方法

服务匙和服务叉的柄握在右手手掌中,叉的底部靠在匙柄上,用手指控制来夹钳食物。食指夹在勺和匙之间,可以用力,而用中指支撑服务匙。无名指和食指在同一侧(勺、匙长柄之间),小指与中指同侧,无名指与小指主要起稳定作用。

(二)西餐分菜方法

西餐的菜一般是先由厨师按份额切好装在一只专用的派菜碟中,由服务员上台分派。派菜时,服务员应站在宾客的左边,左手端盘,右手拿叉匙,按宾主次序逐个分派。

(三)分菜的注意事项

(1)分派时要掌握好量,要分派均匀。特别是主菜,必须分派得与相邻的座位一样,最先分派的和最后分派的一个样。

(2)分派菜肴切勿将同一勺、同一叉的菜肴分派给两位宾客,更不能从已分派的多的碟中匀给分派得少的。

(3)分派菜肴的动作要轻快,手法要卫生。

(4)分派菜肴时,不可将一碟菜肴全部分光,碟内应剩 1/10 左右,以示菜的富余和以备宾客添加。

(5)分派菜肴时,要注意将菜肴的优质部位分给主宾或其他宾客。

(四)西餐各类菜肴的分发

1. 牛排

把烤牛肉最大的一端放在平盘上,先用切肉叉插入上面二根肋骨间,再从肥的一面开始,用切肉刀(刀与肉的纹理成垂直角度)横切到肋骨。用刀尖沿肋骨把肉切下,切时必须靠近肋骨,把刀插入肉片下,用叉固定,挑起肉片放入碟中。边切边摆,直至完毕。

2. 火鸡

将火鸡放在砧板上,用左手握住鸡腿下部,右手用切肉刀切开鸡身和鸡腿之间的皮并将皮轻轻拉掉。左手拿切肉叉插入鸡身紧靠鸡腿的地方,右手用刀从鸡身背部与鸡腿的主骨之间关节处将鸡切开。拿住切下的鸡腿下部,放在盆内,与盆形成一个角度,再用刀把鸡的大腿肉从鸡腿下部一片片切到关节处,切完一面,再切另一面,直到切完。切鸡胸脯肉要从鸡胸脯中间开始,一片片地切到胸骨为止。

第七节　餐巾折花

餐巾是餐厅专门提供给顾客以擦嘴及防止汤汁溅在衣服上的一种保洁方巾,因其起初是专为擦嘴而用,所以俗称餐巾。摆台时,餐巾最早是叠成方形,平放在餐盘中,以后渐渐发展为折叠成各种抽象的艺术形象放在水杯或装饰盘上,以供宾客餐前观赏。餐巾不仅实用,而且还可以起到衬托用餐环境,增加用餐气氛的作用,已成为桌面综合艺术的一部分。

一、餐巾的基本知识

(一)餐巾的起源与发展

1. 在中国

我国古代典籍中就有宴会中使用"餐巾"覆盖食物和擦手的记载。明清时期,宫廷和贵族宴会上出现了高档的锦缎绣花餐巾。可以说餐巾并非完全是舶来品。

2. 在西方

餐巾在西方也有很深的历史渊源。最早希腊和罗马贵族一直保持用手指进食的习惯,所以在用餐完毕后用一条毛巾大小的餐巾来擦手。更讲究一点的则在擦完手之后,捧出洗手钵来洗手,洗手钵里除了盛着水之外,还漂浮着点点玫瑰的花瓣;埃及人则在钵里放上杏仁、肉桂和菊花。餐巾发展到 17 世纪,除了具有实用意义之外,还更注重观赏性。公元 1680 年,意大利已有 26 种餐巾的折法,如教士僧侣的诺亚方舟形,贵妇人用的母鸡形,以及一般人喜欢用的小鸡、鲤鱼、乌龟、公牛、熊、兔子等形状,美不胜收。西亚、埃及等国家和地区的历史中也有使用餐巾的记载。

3. 现代的餐巾

现代我们使用的餐巾是一种中西合璧的产物,被广泛应用于各式餐厅服务中,成为餐厅服务的一个重要的组成部分。

(二)餐巾的种类

1. 按餐巾的质地分

(1)纯棉织品:吸水性强、去污力强;浆熨后挺括,易折成型,造型效果好,但折叠一次,效果才最佳;手感柔软,但清洗麻烦,需洗净、上浆、熨烫。

(2)棉麻织品:质地较硬,不用上浆也能保持挺括。

(3)化纤织品:优点是颜色亮丽、透明感强;富有弹性,比较平整,如一次造型不成,可以二次造型,不用浆熨,使用方便。缺点是可塑性不如棉织品、棉麻织品的好;易清洗,但吸水性差,去污力不如棉织品;手感不好。

(4)纸质餐巾:成本低,更换方便,但是不够环保,尽管也能循环再利用;有时给人非正式和低档次的感觉。

2. 按餐巾的颜色分

(1)白色餐巾:应用最广,给人以清洁、卫生、典雅、文静之感。它可以调节人的视觉平衡,可以安定人的情绪,但是不耐脏。

(2)冷色调餐巾:给人以平静、舒适的感觉。主要包括浅绿、浅蓝、中灰等颜色。湖蓝色餐巾在夏天能给人以凉爽、舒适之感。

(3) 暖色调餐巾：给人以兴奋、热烈、富丽堂皇、鲜艳醒目等感觉，主要包括粉红色、橘黄色、淡紫色等颜色。例如大红、粉红色餐巾给人以庄重热烈的感觉，橘黄、鹅黄色餐巾给人以高贵典雅的感觉。

(4) 条状色餐巾：给人清爽、新奇等感觉，改变了人们心目中对一般的餐厅用具的印象，一般在零点餐厅、西餐厅应用多一些。

附：颜色与心理联想（见表2－2）

表2－2 颜色与心理联想

色彩	抽象联想	表示意义	运用效果
红	兴奋、热烈、激情、喜庆、高贵、紧张、奋进	自由、血、火、胜利、刺激、兴奋	煽动效果
橙	愉快、激情、活跃、热情、精神、活泼、甜美	阳光、火、美食	活泼、愉快、有朝气
黄	光明、希望、愉悦、暖和、明朗、动感、欢快	阳光、黄金、收获	华丽、富丽堂皇
绿	舒适、和平、新鲜、青春、希望、安宁、温和	和平、春天、青年	友善、舒适
蓝	清爽、开朗、理智、沉静、深远、伤感、寂静	天空、海洋、信念	冷静、智慧、开阔
紫	高贵、神秘、豪华、思念、悲哀、温柔、女性	忏悔、女性	神秘感、女性化
白	洁净、明朗、清晰、透明、纯真、虚无、简洁	贞洁、光明	纯洁、清爽

3. 按餐巾的规格分

餐巾的规格大小在不同的地区不尽相同。根据实际使用效果，45～50厘米见方的餐巾折叠造型、实际使用较为普遍适宜。

4. 按餐巾的边缘形状分

餐巾边缘有平直形和波浪曲线两种。

(三) 餐巾的作用

(1) 美化席面。不同的餐巾花型，蕴含着不同的宴会主题。形状各异的餐巾花，摆放在餐台上，既美化了餐台，又增添了庄重热烈的气氛，给人以美的享受。

（2）烘托气氛,突出宴会目的,起到一定的无声语言的作用,会对交流思想感情产生良好的效果。例如寿宴、喜宴上的餐巾花,如折出比翼齐飞、心心相印的花形送给一对新人,可以表示出永结同心、百年好合的美好祝愿。国宴上,如用餐巾折成喜鹊、和平鸽等花型表示欢快、和平、友好,给人以诚悦之感。

（3）卫生保洁。餐巾是餐饮服务中的一种卫生用品。宾客用餐时,餐厅服务员可将大餐巾折起（一般对折）,折口向外平铺在宾客腿上,小餐巾可展开直接铺在腿上,不可将餐巾挂在胸前（一般在空间不大的地方,如飞机上可以如此）,餐巾可用来擦嘴或防止汤汁、酒水弄脏衣物。宾客要避免用自己的手帕。拭嘴时,需用餐巾反折的内侧的上端,而不是弄脏其正面,这是应有的礼貌。决不可用餐巾来擦脸部或擦刀叉、碗碟等。手指洗过后也是用餐巾擦。若餐巾脏得厉害,请服务员重新更换一条。另外,现在一般不用把餐巾压在餐盘底下进餐的这种用法,因为这样容易不小心带动餐巾从而使餐盘滑落。在用餐期间与人交谈之前,先用餐巾轻轻地擦一下嘴;女士进餐前,可用餐巾轻抹口部,除去唇膏。在进餐时若需剔牙,应拿起餐巾挡住口部。

（4）标识主位。餐巾花型的摆放可标示出主宾、主人的席位。在折餐巾花时应选择好主宾的花形,主宾花型的高度应高于其他花型的高度,以示尊贵。

（5）沟通宾主感情,象征意义和寓意,是基本的礼仪、习俗的表现与要求。

（6）象征意义。服务人员根据不同的宴会主题、不同的顾客折叠不同的餐巾花,使餐巾更具有美好丰富的象征意义。如为老人寿宴折叠寿桃花型,为女性宾客餐位折叠各种花卉等。

（7）广告宣传。饭店订做印有饭店标识的餐巾可以在宾客用餐的同时进行良好的视觉识别宣传,提高饭店知名度。

（8）信号作用。在西餐宴会上,女主人把餐巾铺在腿上是宴会开始的标志。餐巾可以暗示宴会的开始和结束。中途暂时离开时,将餐巾放在本人座椅面上。

（9）餐巾是饭店服务艺术和情感化的表现之一。

（四）餐巾的选择

对于餐饮部门的管理和采购人员而言,选择适用、美观的餐巾可以提高饭店服务质量,美化宾客用餐环境。很难想象一家餐巾褶皱、破败不堪、满是污垢的餐厅会有很高的服务质量。同时,餐巾颜色和桌布颜色,以及餐厅综合环境的色调搭配也直观地反映出餐厅的特色、格调、档次。可见,餐巾的选择不是一件小事。选择餐巾需要注意以下因素。

1. 价格

定位不同、经济实力各异的餐厅对于餐巾的价格因素的考虑也各不相同。餐巾成本也是餐厅运行成本之一,因此选择餐巾并非一味求贵,要选择适合餐厅档次的餐巾,以控制成本。

2. **质地**

各种餐巾质地优劣各有不同,不同的餐厅应根据自身的需求去选择适合本餐厅的餐巾。

3. **颜色**

餐巾的颜色选择与餐厅的环境和主题定位很有关系,直接影响餐厅的格调。由于一般餐厅都会接待各种主题的宴会,因此餐巾的颜色应该多预设几种搭配方案,多准备几种颜色。

4. **做工**

这里的做工是就餐巾的成型而言的。对于餐巾,规整是第一重要的,规整的正方形做出的花型才对称、美观。餐巾选择的标准首先是沿对角线对折后餐巾的边与边是否重合、对角线的交叉点与餐巾的中心点是否重合;其次是餐巾的边,是压边还是挑边,以及餐巾花是机器打压的还是绣的,如果是绣的,是手工绣还是机器绣的。这些都直接关系到餐巾的价格和档次。

二、餐巾花型的基本要求及种类

各种各样的餐巾花型,形形色色、千奇百怪、栩栩如生。现在比较成熟的餐巾花型有近百种,经常使用的有五六十种,有参考书已经列举了200多种餐巾折花。有时,同一种餐巾花型往往有数种折叠方法,而我们一般要求熟练掌握20种餐巾花型。

(一) 餐巾花型的基本要求

餐巾折花是以人工折叠方法,将餐巾折成像花样的一种技艺。其基本要求是简单美观,形象生动,各具特点。

1. **简单美观,折用方便**

餐巾折花不同于雕塑与绘画,无须烦琐的程序与复杂的工艺,因而要求折制容易、简单美观、折用方便。若过于复杂,一则不卫生,二则餐巾展开后皱纹过多而不雅观。

2. **造型生动,形象逼真**

用餐巾折出的花鸟鱼兽等造型要力求形似神随、简洁明了,不能使人感到似是而非、牵强附会、张冠李戴。

3. **各具特点,刻意求新**

要使花型形态逼真,就应该抓住对象的特点加以发挥创造。往往越简单的东西,模拟的难度越大,因而要求折制者不仅要熟悉各种折制的技法,更要了解塑造对象的特征和习性。要做到这一点,就必须深入生活,仔细揣摩,丰富想象,细心钻研,创作出更生动、更形象的折花作品。

(二) 餐巾花型的种类

餐巾花型的品种众多,常见的有一二百种。

1. 按餐巾折花的盛器分

(1) 杯花:一般应用在正式的宴会中,不同的宴会有相对固定的餐巾花型搭配和设计。其特点是折叠的技法复杂,程序较多,操作有一定的技巧,服务规范,造型别致和多种多样,杯花是服务艺术和优质服务的组成部分。

(2) 盘花:盘花一般在西餐和中餐零点餐厅中应用比较多一些,是零点餐饮的餐巾花型的一个小潮流。其特点是折叠简单,操作方便,服务简单,造型简洁明快,餐巾折痕较少;造型完整,成型后不会自行散开,可放于盘中或其他盛器内。

(3) 环花:将餐巾平整卷好或折叠成造型,套在餐巾环内,称环花。餐巾环也称为餐巾扣,有瓷制的、银制的和塑料制的等。餐巾环花通常放置在餐盘上,特点是简洁、雅致。

现在餐巾折花多趋向于盘花。它因具有造型快速简捷、美观大方、技法简单、清洁卫生等特点而广受饭店欢迎。

2. 按餐巾折花造型的外观分

(1) 植物类:折制的植物花型有梅花、桃花、玫瑰花、牡丹花、荷花、鸡冠花、水仙花等四季花卉,可谓"百花齐放,群芳争艳"。按植物的叶、茎、果实等形状造型的,有荷叶、竹笋、玉米、寿桃、春芽等品种的折花造型。千姿百态的天然植物,是创新的无穷源泉。植物造型折花变化多,造型美,是餐巾折花品种的一个大类。

(2) 动物类:动物类餐巾折花造型种类有:孔雀、凤凰、鸽子、鸳鸯、天鹅、大鹏、企鹅、海鸥等禽鸟;白兔、松鼠等走兽;蝴蝶、蜻蜓等昆虫;金鱼、海龟等水生物等。动物造型有的塑其整体,也有的取其特征(如兔子的长耳),形态生动,活泼可爱,也是餐巾折花品种的一个大类。

(3) 实物造型:即模仿日常生活中各种实物而折成的餐巾花型,如花篮、折扇、帽子、马蹄、领带等。这一类折花目前品种不是很多。

(4) 抽象花:比较少见,近年来多在个性餐厅和设计酒店中的餐饮服务中出现。

(三) 餐巾花型的选择

餐巾花型的选择和运用,一般应根据宴会性质、规模、规格、冷菜名称、季节时令,来宾的宗教信仰、风俗习惯,宾主座位安排、台面设计需要等因素进行综合考虑。总的原则是和谐、美观。

1. 根据宴会的性质选择花型

按宴会的不同性质,选择与之相应的花型,可以起到锦上添花的作用。如举办接待外国友人的宴会,可选用"和平鸽"、"友谊花篮"等花型,可表达我们热爱和平、增进友谊、欢迎嘉宾的情感。举办婚宴,可选用"喜鹊"、"鸳鸯"等花型,以示庆贺。做寿宴,可用"寿桃"、"仙鹤"等花型,以示"寿比南山"、"吉祥如意"。洽谈生意宴请,可用"春笋"、"蓓蕾"等花型,以示生意兴隆,事事如意。

2. 根据宴会的规模选择花型

在承办大型宴会时,主宾席位上应选用叠工精细、造型美观的花型,其他每桌可选用一类或一种花型,每台面上的花型互不相同,可使整个宴会布局显得整齐、美观、大方。若是单桌或2~3桌的小型宴会,可在同一桌上使用不同种类的花型,或用2~3种花型相互搭配,使席面折花显得造型各异、丰富多彩,既多样又协调。

3. 根据花式冷拼选择花型

中式宴会一般先上冷盘,因此依据花式冷盘的形意选择花型,可收到整体美的效果。如:上蝴蝶冷盘,可选择花卉的花型,使整个台面形成"花丛彩蝶"的画面;上凤凰冷盘,可选择各种飞禽走兽花型,寓意为"百鸟朝凤";以海鲜为主的宴席,可选用鱼虾的花型;蟹宴可选择蟹形盘花,等等。花型与宴会菜肴相配合,既可形成台面的和谐美,又可突出中餐美食的特色。

4. 根据时令季节选择花型

春季宴会可选择迎春、月季、春笋等花型,以示满溢春色;夏季可选荷花、玉兰花等花型,可使宾客感到清凉;秋季可选菊花、秋叶等花型;冬季可选梅花、天竹等花型。按季节来选择花型可给人以时令感。

5. 根据接待对象选择花型

不同国家和地区的接待对象,在宗教、风俗习惯及性别、年龄等方面都存在差异,这就需要根据实际情况区别对待,尽可能选择来宾喜欢的花型。在通常情况下,日本宾客喜欢樱花,朝鲜宾客喜欢无穷花,法国宾客喜欢百合花,美国宾客喜欢山茶花,埃及宾客喜欢莲花,英国宾客喜欢蔷薇,等等。对于信仰佛教的宾客可摆放僧帽等花型,而对信仰伊斯兰教的宾客则忌用猪形的花型,而应用金鱼、大鹏等花型。接待青年妇女宾客宜选择孔雀、凤凰和各种花卉花型。在庄重的宴会上不适合摆放小动物等花型。

6. 根据宾主席位的安排选择花型

宴会主宾、主人席位上的餐巾花(常称之为主花),应选择品种较名贵、叠工精细、美观醒目的花型,以使主位更加突出。

总之,宴会餐巾花型的选择,应根据接待对象、宴会特色、时令季节等因素做灵活处理。

(四)餐巾花的摆放

选择好餐巾花型,折好餐巾花后,摆放也不能马虎。否则不然不但不能烘托用餐气氛,有时还会惹怒宾客,造成事端。因此餐巾花的摆放应引起高度重视。

1. 餐巾折花摆放的基本要求

餐巾是餐桌上的普通用品,餐巾折花则是一项艺术创作,它可以烘托宴会的气氛,增添宴会艺术效果,因此餐厅服务员要掌握餐巾折花摆放的基本要求。

(1)突出主位。根据主宾席位选择花型。宴会上,主宾席位上的餐巾折花被称为主花,主花一般要选择品种名贵、折叠精细、美观醒目的花型,以达到突出主位、尊敬主宾的目的。

(2)注意协调性。餐巾折花的协调性是指无论是大型还是小型宴会,除主位外的餐巾折花要高矮一致,大小一致,要把一个台面或一组台面当作一个整体来布置。一般主位的餐巾折花与其他宾客的不同。

当只有一桌的宴会上选用各不相同的花型时,主花要明显。如果选择的花型都是比较矮的,与主位花高低相差不能太多。除了主位花以外,如果还有高低差别较大的花型,则要以主位花为主,其余花型高的不能超过主位花,同时要高矮相间布置,不要将高的花与矮的花挤在一起摆放,要使整个台面整体协调一致。

2. 餐巾折花摆放的艺术性

餐巾折花从形态上分有抽象性和形象性两类,在台面上要每个花型都发挥其作用,餐厅服务员就要了解每个花型的最佳观赏位置,在摆放时应注意以下几点。

(1)主花要摆插在主位。主位花摆在主位,一般的餐巾花摆在其他宾客席上,但要高低均匀,错落有致,达到一种视觉艺术的美。

(2)餐巾折花将观赏面朝向宾客。摆放餐巾折花,要使宾客正面观赏,如孔雀开屏和平鸽等花型,要将正面朝向宾客。适合侧面观赏的,要将最佳观赏面朝向宾客(最佳欣赏角度为右倾45°)。

(3)相似花型错开摆放。在一个台面上,摆放不同品种花型时,形状相似的花形要错开,对称摆放。

(4)恰当掌握杯内餐巾花的深度。餐巾折成花型后,放入杯内的深度要适中。杯内的部分要折叠整齐规范。盘花则要摆正摆稳,挺立不倒。

(5)摆放距离均匀。各种餐巾花之间的间距要均匀,做到花不遮餐具,不妨碍服务操作。餐巾花既是用餐的一种卫生用品,又是台面上的一种装饰品,具有实用和观赏两种属性,餐厅服务员要认真掌握餐巾折花的折叠方法,做到技术性和艺术性相结合,达到台面的完整和谐。

(6)注意动物的头部应朝向宾客右边,不要正对宾客(部分头小的鸟类花型可朝向宾客,如凤凰、火鸡等花型)。

3. 餐巾折花发展新趋势

(1)线条简洁、明快、挺括。这类花型折叠所需要的时间短,速度快,而且这种花型散开后,餐巾褶皱少,实用方便。

(2)趋向于盘花。因为杯花是用手将花插入杯中的,所以折花之前手要严格消毒。用盘花可减少手握杯的环节,满足宾客要求清洁卫生的心理需要。因此,餐巾折花逐渐向盘花方向发展。

三、餐巾花制作技巧与要领

餐巾折花有叠、折、卷、穿、攥、翻、拉、掰、捏九种技巧。合理运用好这些基本技巧,就能折叠出各种不同的美观花型。

（一）折叠

即将餐巾一折为二,二折为四或者折成三角形、长方形等其他形状。折叠时,应一次折成避免重复,注意距离和角度,减少餐巾的折痕,使其美观、挺拔。要领:算好角度,一次叠成,如重复折叠,会使餐巾留下折痕,影响餐巾花质量。

1. 正方折叠

餐巾的相对巾边平行,两次对折成正方形。即第一次对折成长方形,第二次对折成正方形(原餐巾的四分之一),这是使用较多的一种折花基本方法。

2. 长方折叠

长方折叠有两种方法;一是双层长方形,同正方形折叠的第一次叠法一样;二是多层窄长方形,以折叠层次的多少、距离的改变来满足不同造型的要求。(见图2-49)

3. 长方翻角折叠

即将餐巾对折叠成长方形后,再将巾角翻上的一种折叠方法。巾角的翻折有单面翻角、双面翻角、交叉翻角等。通过变化折叠的层次、翻角的数量、角度的大小,来达到改变不同造型的目的。

4. 条形折叠

条形折叠就是将餐巾摆平,直接折裥或先对折后,使餐巾成为多层次的细长条形的一种折叠方法。条形折叠法分为对边平行折裥和对角折裥两种叠法。

5. 三角折法

即将餐巾的相对角,对折成两层三角形,或再将三角形的底边对角折成四层三角形的折叠方法。在三角形的基础上,通过卷折、翻折角、插入等方法来改变折花造型。(见图2-50)

6. 菱形折法

将餐巾相对角的两边,分别向角的中线对折二次成菱形的折叠方法。通过变化折裥的数量,用以调节折叠余下两端的距离,或改变中间相叠部位的宽窄距离,就可以达到不同造型的目的。如不少鸟类和某些动物的造型,均采用此种折叠法。

7. 锯齿折叠

将餐巾按长方形的折法对折,但不要使两角重合,要四角错位,分别成为两个锯齿形,再把角对折即成双齿状。

8. 尖角折叠

将餐巾的一角固定,该角的两边分别向中间折叠或向中间卷折成尖角形。此种方法适用于折叠一头大、一头小的物体造型。

9. 提取翻折

将餐巾摆平,用手指挡住餐巾的中心或四角或四边的中点直接提起,或是固定中心,转动四周巾边,再提取翻折即成。此法提取较简单,但要注意,提取时四角部位不能偏斜,翻折后的巾角要大小一致,否则会影响造型的美观。

10. 翻、折角折叠

即将餐巾的一角或数角,通过翻折来造型,或折裥后进行翻折,用翻、折、裥组合的一种叠法。折角组合的叠比较麻烦,几角同时折裥,在组合时,必须十分细心,不能乱了次序。否则无法成形。

图 2-49 长方折叠　　　　图 2-50 三角折法

(二) 推折

即将餐巾叠面折成褶裥,使花型层次丰富、紧凑、美观。打折时,两个大拇指相对成一直线,指面向外,再用两手中指按住餐巾,并控制好下一个褶裥的距离,拇指、食指的指面捏紧餐巾向前推折至中指处,用食指将褶裥挡住,中指腾出去控制下一个褶裥的距离,三个手指相互配合,要求褶裥均匀整齐,距离相等,每裥的高低、大小、宽度根据花型不同而定。要领:推出的褶要均匀整齐。推折可分为直线推折(见图 2-51)和斜线推折(见图 2-52)两种。

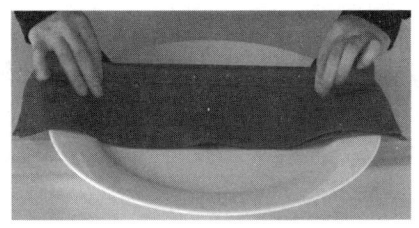 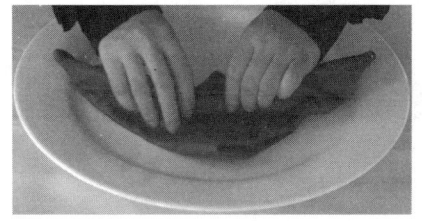

图 2-51　直线推折　　　　　　　图 2-52　斜线推折

(三) 卷

卷的方法可分为直卷(又称平行卷,见图 2-53)和斜卷(又称螺旋卷,见图 2-54)两种。直卷是指将餐巾两边平行一起卷拢,要求卷得平直;斜卷就是将餐巾一头固定只卷另一头,或者一头少卷而另一头多卷的方法。卷的要求:直卷要求两手用力均匀,一起卷动,餐巾两边形状一致;斜卷要求两手能按所卷角度的大小,互相配合。不管采用哪种卷法,都要求卷紧卷匀。

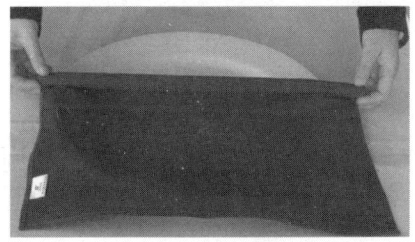 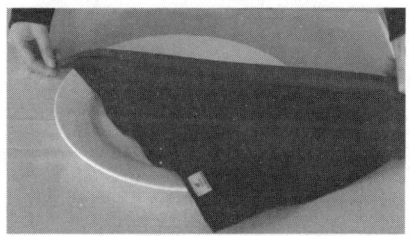

图 2-53　直卷　　　　　　　　　图 2-54　斜卷

(四) 翻

餐巾折制过程中,上下、前后、左右、里外改变部位的翻折,均称为翻。如将巾角从下端折到上端,两侧向中间翻折,前面向后面翻折,或将夹层的里面翻到外面等。要领:注意大小适宜,自然美观。(见图 2-55、图 2-56)

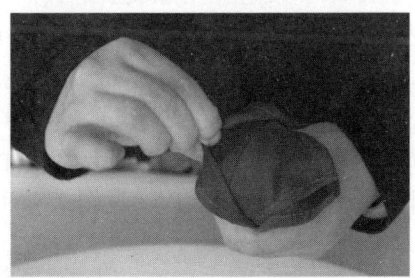 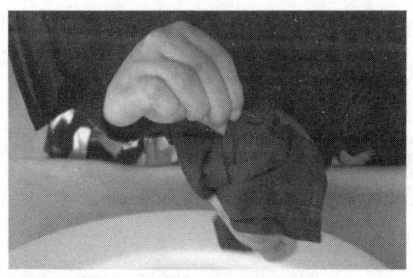

图 2-55　翻 1　　　　　　　　　图 2-56　翻 2

(五) 拉

拉就是牵引。折巾中的拉,常常与翻的动作相配合。在翻折的基础上使造型挺直,往往就要使用拉的手法。如折鸟的翅膀、尾巴、头颈,花的花茎等,通过拉使折巾的线条曲直明显,花型就显得挺拔有生气。要领:大小比例适当,造型挺括。(见图 2-57)

　　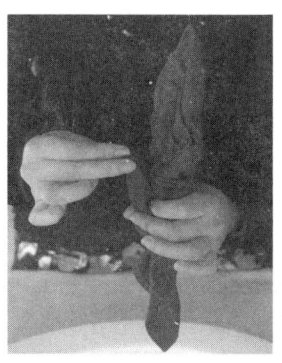

图 2-57　拉　　　　　　　　图 2-58　捏

翻与拉大都用于花鸟造型。操作时,一手拿餐巾一手将下垂的餐巾翻起一只角,拉成花卉或鸟的头颈、翅膀、尾巴等。两手必须配合好,该紧则紧,该松则松。若配合不好就会翻坏拉坏,影响成型。

(六) 捏

捏的方法主要运用于鸟头造型。操作时,先将鸟的颈部拉好,然后用一只手的大拇指、食指、中指三个指头捏住鸟颈顶端,食指向下,将餐巾一角的顶端的夹角向里压下,大拇指和中指将压下的角捏出尖嘴。要领:棱角分明,头顶角、嘴尖角到位。(见图 2-58)

(七) 穿

即用筷子从餐巾的夹层折缝中穿过去,形成皱褶,使造型更加美观逼真的一种技法。穿之前,餐巾一般都要打折。穿时,左手握住折好的餐巾,右手将筷子细的一头穿进餐巾的夹层折缝中,另一头顶在自己身体或桌子上,然后用右手的拇指和食指,将皱裥的部分慢慢往里拉,把筷子穿过去,皱褶要求拉得均匀。穿的要求:穿时,筷子要光滑,拉褶要均匀,遇到双层穿裥时,一般应先穿下面,再穿上面,这样两层之间的折裥不易散开。要领:穿好的褶裥要平、直、细小、均匀。(见图 2-59、图 2-60)

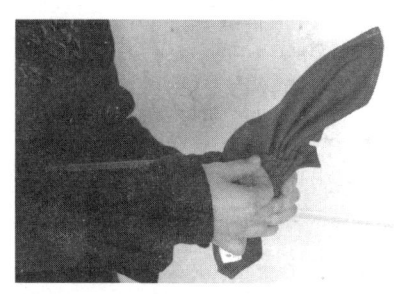

图 2-59 穿 1

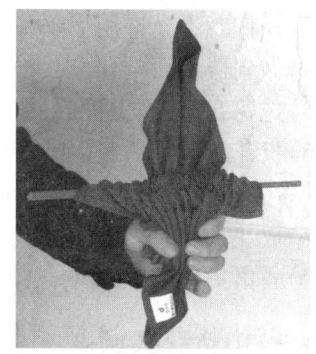

图 2-60 穿 2

（八）掰

掰就是在折花瓣时,将巾角一层一层向外掰。掰一般和拉动作配合,掰出花瓣后,要用手拉一拉,花瓣才有生气,挺拔。掰的时候,左手要紧握餐巾,右手要有力度一层一层地掰。掰时不要用力过大,以免松散。要领:层次分明,间距均匀。（见图 2-61）

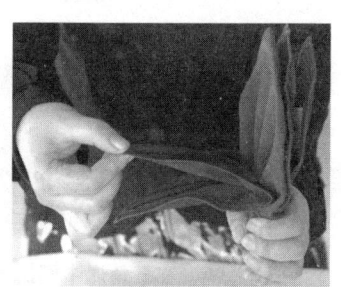

图 2-61 掰

图 2-62 攥

（九）攥

攥是为使餐巾花型不至于走样或脱落而使用的手法。一般使用左手攥住餐巾的中部或下部,再用右手操作其他部分。要领:攥在手中的餐巾不能挤散。（见图 2-62）

四、餐巾折花注意事项

（1）操作前要洗手消毒。

（2）在干净的托盘或餐盘中操作。

(3)操作时不允许用嘴咬。
(4)做到造型简单,美观大方,使用方便。
(5)选好花型,减少折痕,快速熟练,力争一次成型。
(6)折花时要分清餐巾的正反面,姿势自然,手法轻巧灵活。
(7)用心观察,全心投入,精心折叠,耐心整理。
(8)放花入杯时,要注意卫生,手指不允许接触杯口,杯身不允许留下指纹。
(9)餐巾折花放置在杯中2/3的深度为宜。

五、餐巾折花实例

(一)凌波仙子(见图2-63至图2-71)

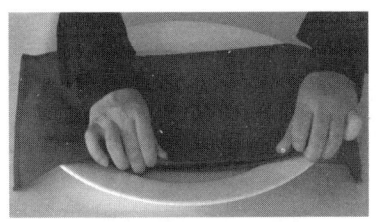

图2-63 将正方形餐巾折叠成长方形

图2-64 再折叠成正方形

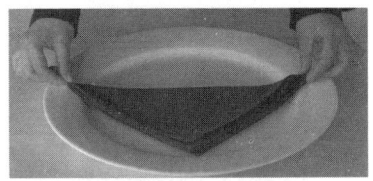

图2-65 将正方形折叠成三角形

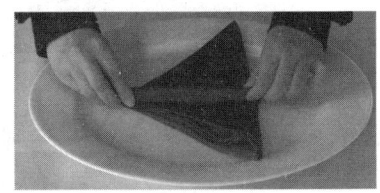

图2-66 在三角形中间折一条线

图2-67 从中线分别向两边推折

图2-68 分别折3~4折,间距均等

第二章 | 餐厅服务技能

图 2-69 分别将巾角一层层拉出

图 2-70 插入水杯

图 2-71 整理成型

(二)月季花(见图 2-72 至图 2-79)

图 2-72 将正方形折叠成长方形

图 2-73　再折叠成正方形　　　　　图 2-74　在正方形中折一条中线

　　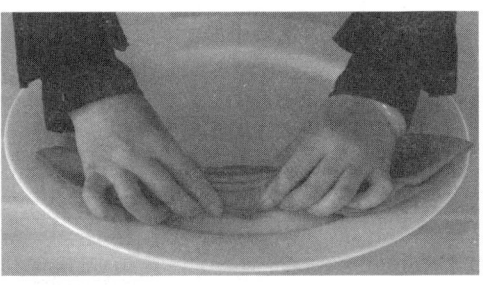

图 2-75　分别向两边推折，间距均等　　图 2-76　将餐巾推折好

　　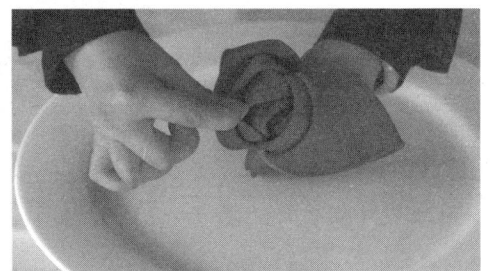

图 2-77　餐巾向下对折　　　　　图 2-78　将折裥一层层往外翻

图 2-79　插入杯中整理成型

（三）枫叶（见图2-80至图2-83）

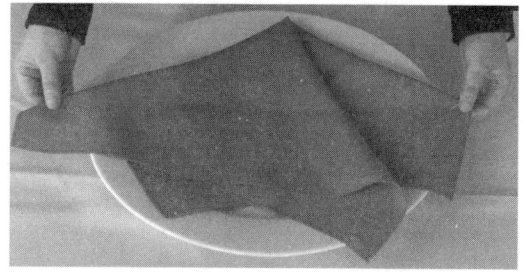

图2-80 将餐巾锯齿折叠，四角不重叠

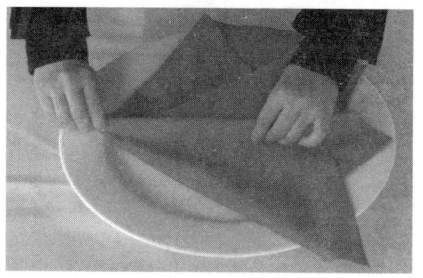

图2-81 在餐巾中间折一条中线

图2-82 分别向两边推折，间距均等

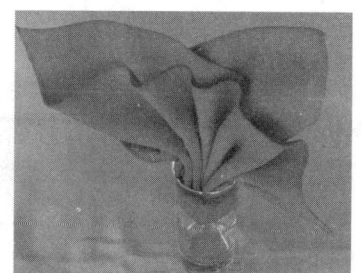

图2-83 插入杯中整理成型

（四）孔雀开屏（见图2-84至图2-96）

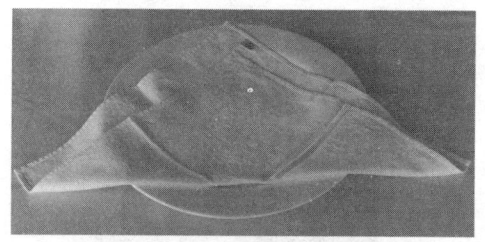

图2-84 将餐巾往下折叠

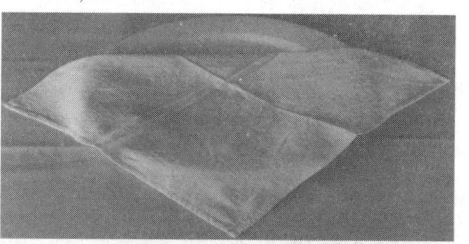

图2-85 翻过餐巾

图2-86 将上巾角往下折叠

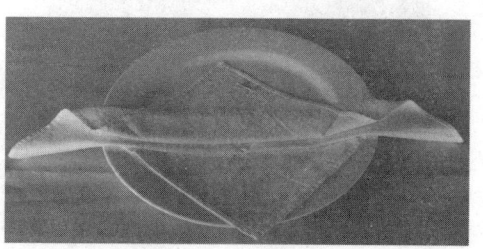

图2-87 将巾角往上再往下折叠

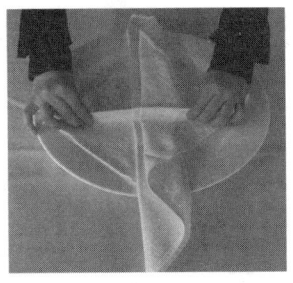
图2-88　在餐巾中折一条中线

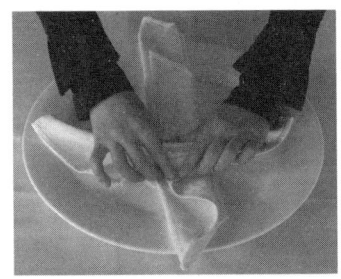
图2-89　分别向两边推折

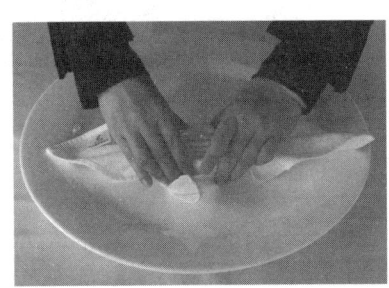
图2-90　分别折4~5折,间距均等

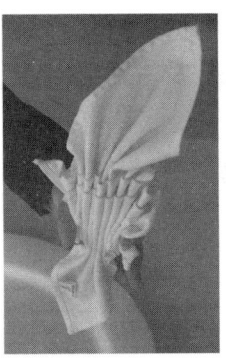
图2-91　折后形状

图2-92　筷子一头顶着胸口,穿

图2-93　将下巾角往上拉

图 2-94 拉上巾角,捏鸟头

图 2-95 插入杯中整理成型

图 2-96 孔雀开屏

(五) 双叶争辉(见图 2-97 至图 2-103)

图 2-97 将餐巾折叠成三角形

图 2-98 从下往上卷

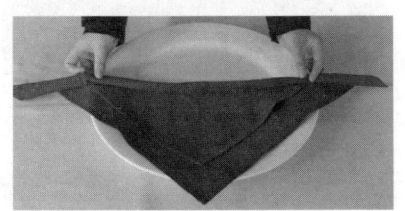
图 2-99 卷直中间

图 2-100 再推折

图2-101 折好后向下对折　　　　图2-102 对折成型

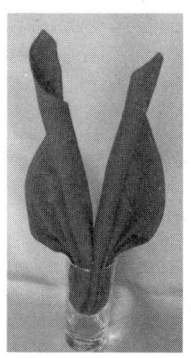

图2-103 插入杯中整理成型

(六)仙人掌(见图2-104至图2-108)

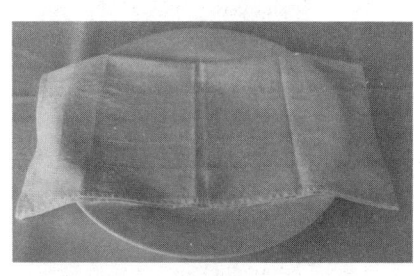 

图2-104 将餐巾折叠成长方形　　　　图2-105 再折叠成正方形

图2-106 折一条中线　　　图2-107 分别向两边等距离推折

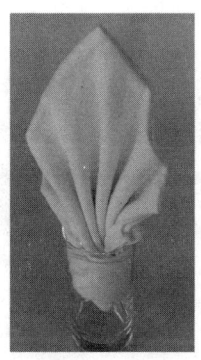

图2-108 插入杯中整理成型

(七)四尾金鱼(见图2-109至图2-113)

图2-109 将餐巾折叠成正方形　　　图2-110 在中间折一条中线

图2-111　分别向两边等距离推折

图2-112　在1/3处往下折

图2-113　插入杯中整理成型

(八)池中填鸭(见图2-114至图2-122)

图2-114　将餐巾折成正方形

图2-115　将巾角往上翻

图 2-116　三层巾角相隔 1 厘米

图 2-117　拎起一侧巾角

图 2-118　将巾角往中间折

图 2-119　将巾角折入里层

图 2-120　两侧巾角同时折叠

图 2-121　将第四层巾角拉上捏鸭嘴

图 2-122　整理成型

(九)马蹄袖(见图2-123至图2-128)

图2-123　将餐巾折叠成正方形

图2-124　将两巾角翻折

图2-125　将最后两巾角翻折

图2-126　将底边往上折1/3

图2-127　将一巾角插入夹层

图2-128　整理成型

（十）扬帆远航（见图2-129至图2-138）

图2-129　将餐巾折成正方形

图2-130　将四巾角往上翻

图2-131　折成三角形

图2-132　将两侧向中间翻折

图2-133　翻折成型

图2-134　翻过来，将巾角往下折

图2-135　向中间对折

图2-136　将巾角往上拉

图2-137　将四巾角一一拉出

图2-138　整理成型

（十一）和服归箱（见图2-139至图2-144）

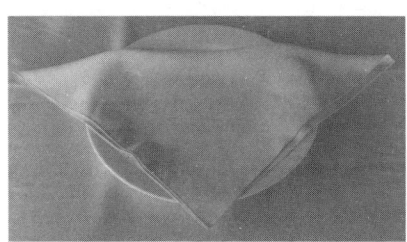
图2-139　将餐巾折叠成三角形

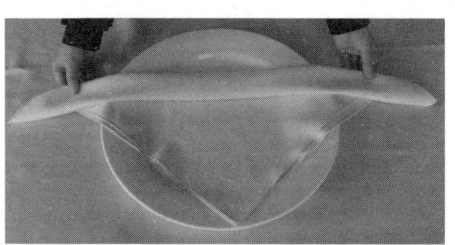
图2-140　将底边往上翻1/3

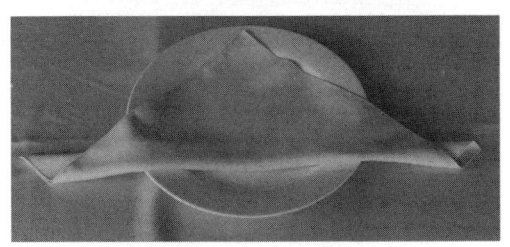

图 2-141 翻过餐巾

图 2-142 将两边巾角往中间翻折

图 2-143 将两侧巾角往后翻折

图 2-144 整理成型

(十二) 企鹅 (见图 2-145 至图 2-151)

图 2-145 将餐巾折叠成三角形

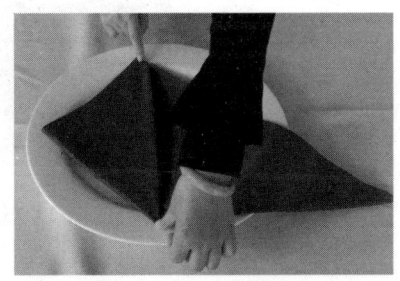

图 2-146 将两侧巾角往下翻折

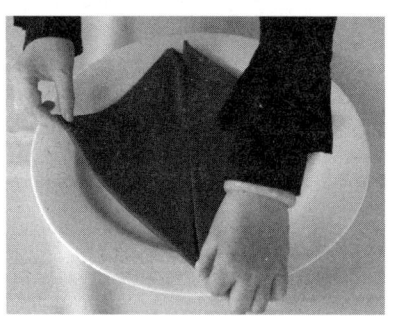

图 2-147　再将两侧巾角往下翻折

图 2-148　翻折成型

图 2-149　将两侧巾角往中间对折

图 2-150　拉出三巾角成尾巴和脚

图 2-151　整理成型

(十三)同舟共济(见图2-152至图2-164)

图2-152 将餐巾折成正方形

图2-153 将四巾角往上翻

图2-154 折成三角形

图2-155 将两侧向中间翻折

图2-156 翻折成型

图2-157 翻过来,将巾角往下折

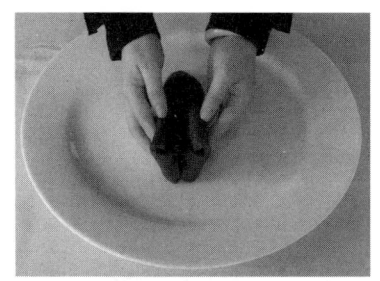
图 2-158 向中间对折

图 2-159 将巾角往上拉成鸟尾

图 2-160 拉出第 2 个巾角,捏成鸟头

图 2-161 成型

图 2-162 拉出第 3 个巾角,捏成鸟头

图 2-163 将第 4 个巾角拉出鸟尾

图 2-164 整理成型

（十四）僧帽（见图2-165至图2-173）

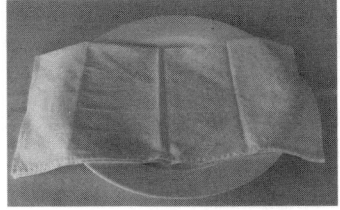

图2-165 将餐巾折成长方形

图2-166 将两侧巾角往上折

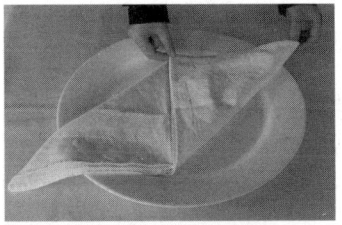

图2-167 折叠成型

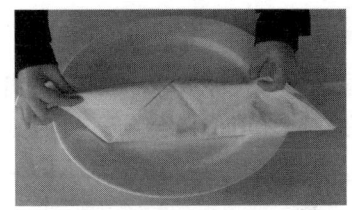

图2-168 将餐巾翻过来

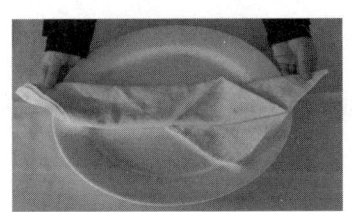

图2-169 将两边巾角往中间翻折

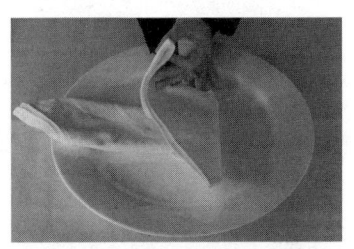

图2-170 先将一巾角往中间翻折

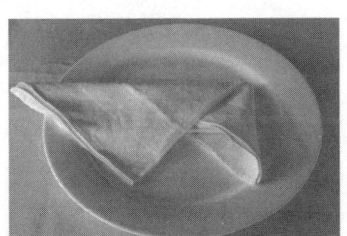

图2-171 翻过餐巾,再将另一巾角往中间折叠

图2-172 折叠成型

图 2-173 整理成型

 思考与练习

1. 根据服务技能要求,分组练习托盘、铺台布、摆台、斟酒。
2. 在实际环境中体会点菜、上菜、分菜的服务方式。

第三章 餐厅零点服务

学习目标

通过本章学习,应达到以下目标:
知识目标:了解中西餐零点服务的方法。
技能目标:熟悉零点服务环节中的各类细节情况。
能力目标:能独立应对各种零点服务。

餐厅服务一般包括中餐服务、西餐服务、酒水服务以及大型宾馆酒店中的送餐服务。这些服务既有相同之处,又有不同之处。它们的对象大多是零散宾客,由宾客自行点菜,因此,零点服务是各类餐厅日常服务的主要形式。

第一节 中餐零点服务

中餐零点服务也叫中餐便餐服务。

一、餐前准备工作

(一)班前会
(1)接受个人仪表仪容检查,制服穿戴干净整洁,符合要求。
(2)接受工作安排。
(3)听取部门工作指令。
(4)了解厨房当天菜点、水果供应情况和当天特色菜点的原料、口味和烹饪方法等。

(二)服务员自查
(1)复查服务区内的台子、台面、台布、台面餐具、各种调味品、烟缸、牙签、火柴、台号牌等是否齐全整洁,放置是否符合要求,椅子与所铺的席位是否对应等。

(2)备好点菜单、酒水单、笔,检查托盘、备用餐具、小毛巾、工作台内储存品等。

(3)检查完毕,餐饮部经理及管理人员组织部分服务员站立于餐厅门口等候第一位宾客,然后各就各位站立于分工区域规定的迎宾位置,站姿端正,两手叠放于腹前,仪态端庄,微笑自然,迎候宾客。

二、零点服务流程

(一)迎宾

(1)开餐前 5~10 分钟,主管、领位员在门口迎候宾客。

(2)宾客到时要用敬语表示欢迎。常用敬语如下:

①中午好,欢迎光临。

②您好,×经理/先生/小姐,欢迎光临,您在××厅,请这边走,我带您去。

③您好,×经理/先生/小姐,欢迎光临,请问您有预订吗?

④您好,欢迎光临,请问几位?请这边走。

(二)引宾入席

微笑迎宾,距离宾客五步远时,应先点头示礼,距离约三步远时,再主动上前招呼问候宾客,对熟识的宾客应以姓+头衔称呼并说:"您好,欢迎光临!请问您几位?"然后合理安排餐位。

(三)餐前服务

(1)为宾客接挂衣帽。为宾客接挂衣帽时说:"请将您的衣帽给我,我为您保存。"接挂时,勿倒提,以防衣袋内物品倒出,有衣帽间的应备有衣帽牌。

(2)拉椅、让座。双手挟椅背,轻拉出,宾客坐前,用膝盖将椅轻推向前并说:"请坐!"

(3)递巾、问茶。站在宾客的右侧,双手拿餐巾两角,将餐巾铺在餐碟下面。站在宾客的右后方,距离宾客一步远,语音轻柔,面带微笑,注视宾客,问:"先生/小姐,请问您用什么茶?我们这里有为您准备的××茶。"问茶时同时铺餐巾、翻茶杯、脱筷套。

(4)上小食品,倒茶。为宾客呈上餐厅赠送的小食品,准备服务茶水,泡茶时冲入八分满开水,用口布叠花形放在餐碟上。茶壶放在荷花内,右手拿壶把,左手托餐碟,在宾客右侧斟入八分满。把壶连同餐碟一起放在宾客对应台面的一旁,壶嘴不可对向宾客。若席中有老人斟茶先从老人开始。

(5)收去多余的餐具。

(四)点菜、酒水、问主食

打开菜牌的第一页,双手呈给宾客,站在宾客的右后方,距宾客一步远,准备好笔和本。

（1）当宾客阅读菜牌时，站在宾客左侧，身体略向前倾，让宾客有充足时间选菜，但要专心倾听顾客说话，不要东张西望，以便随时上前答问，记录点菜，不能将点菜单放在餐桌上填写。点菜注意从主人开始，遵循女士、主宾优先的原则。

（2）当宾客询问菜式内容制法时，须耐心回答，引导宾客选菜，推销特别菜式。

（3）写单后必须在宾客面前直接重述一遍。

（4）如宾客所选菜式缺少，应尽快告知宾客并介绍类似的菜式给宾客。

（5）菜式烹调时间过长或者有其他特殊情况，应向宾客说明原因征求意见。

（6）填写菜单迅速、正确、工整；写明桌号、顾客数、菜名全称、分量、价格，填写时间，并注明宾客的特殊要求。如是叫单必须注明。

（7）冷菜、甜食、明档需分单填写，每份点单一式三联。

（8）如宾客赶时间要向其推荐一些制作时间短的菜肴，否则可向宾客推荐一些制作时间稍长，但别具特色的菜式。注意观察宾客身份、民族、国籍、饮食习惯等，根据宾客习惯及消费层次推荐相应菜式。

（9）推荐酒水饮料时可说："我们餐厅为您准备的饮料酒水有……"语气要温和有礼，不要使宾客觉得你强加于人，要让其自己选择，并根据其消费层次加以推荐。为避免尴尬，可以说："各位先生/小姐，需要先点些主食吗？如不需要，稍候再点。"点酒水步骤如下：

①询问宾客。可以问"先生/女士，请问今天来点儿什么酒水饮料，红酒还是白酒？"等等。

②点完酒水后必须向宾客重复一遍让其确认。

③询问宾客的特殊要求。如是否加冰、加热、加柠檬等。

（五）确认菜单、酒水单

当宾客点菜完毕后应重复宾客所点的菜，以免出现错误。可以说："先生/小姐，您点的菜有……您看还需要加点别的吗？请稍等，我去帮您分单。"点单上必须注明台号、日期，字迹要清楚，书写要统一，价格要计算正确。饮料和菜点要分别填单。

（六）分单

到吧台将各联单据盖章分清送到各部门。

（七）取酒水

如是未启瓶的白酒或清酒，要先用右手拿酒瓶，商标对准宾客，向宾客展示，此时服务员应站在宾客的右侧，左手托瓶底，右手托瓶颈，经宾客同意后方可开瓶。

应正确使用开瓶用具，动作准确、敏捷，开瓶时尽量减少瓶体的晃动，开瓶后的瓶盖不要放在桌上，开启时瓶口不要对着宾客。

（八）上菜

1. 走菜

也叫跑菜。将厨房烹饪好的菜肴送到餐桌的这一过程称作走菜，要求基本功熟练，做到端平走稳。

注意事项：把好质量关，观察菜肴色、香、形是否有异常现象，质量是否达标，盛菜器皿是否合适，原料是否新鲜，数量、品种、分量、制作方法是否与菜单相符，并配好相应调料，发现问题立即采取相应措施。

（1）注意卫生，手指避免接触菜肴或汤汁。

（2）加盖菜盖，保持菜温。

（3）认真核对菜单，认准房号、台号，以防送错；菜上桌后，在传菜联上画上记号，表示此菜已上。

（4）动作迅速。

（5）传菜员不能上菜。

（6）站立姿势及位置适当，以方便服务员上菜为准。

（7）把菜名小声清楚地报给服务员。

2. 上菜

（1）上菜前，先检查一下所上的菜肴与宾客要点的是否相符。

（2）上菜前，可把花瓶和台号牌撤去，上菜一律用托盘，左手托盘，右手上菜。

（3）中餐按冷盆、炒菜、鱼、蔬菜、汤、饭（点心）、水果的顺序上菜。

（4）选择上菜的位置。当传菜员到来时，服务员马上选择上菜的位置，宴会一般在次宾之间，或翻译和陪同之间，以方便翻译介绍。零点散餐尽量选择空间宽松一点的位置上菜，避开老人、小孩及衣着华丽的小姐或先生，并留意宾客动作以防发生碰撞。

上菜时要轻步向前，轻托上桌，到桌边右脚向前，侧身而进，托盘平稳，放盘到位，报准菜名，作适当介绍。放菜时手要轻，有造型的菜和新上的菜要放在主客面前。

（5）上菜动作。当选择好上菜的位置后，侧身站立，右脚在前，选择好摆菜位置，移出空位，如无空位，应询问宾客是否可以撤走菜最少的碟，或者为宾客分完，或者经宾客同意两个菜合在一起（必须是不带汤汁的菜），或者大碟换小碟，撤走空碟，然后再上菜。揭开菜盖，报上菜名，请宾客慢用，注意不要从宾客头上撤放餐具，特别注意汤汁不要洒在宾客的身上。

3. 摆菜

上菜后注意菜碟的摆放位置和形状，注意对称协调、美观，讲究图案造型，尽量保持一中、二平、三角、四方的形状，始终在台上形成一个美丽的图案。上转盘时，则保持对称,均匀。每上一道菜,把新上的菜转到主宾的前面,报上菜名后请宾客慢用。上整鸡整鸭整鱼时,头应朝向主宾或主人,并要主动为宾客用刀叉划开,遵循鸡不献头、鸭不献掌、鱼不献脊的礼俗。

4. 上菜速度

上菜应保持适当的速度,及时与厨房联系,太慢使台面显得不丰盛,而且让宾客久等,容易引起宾客的不满。

(九)席间服务

(1)用完腥、辣、甜和骨刺多的菜肴后要换骨碟。

(2)在上需用手抓的菜肴前,要先上毛巾,毛巾应该放在毛巾筐内,并跟上洗手盅。

(3)换餐碟、烟缸。

左手托盘,站在宾客的右侧,右手先将有残物的餐碟拿到托盘上,后将干净的餐碟放在宾客面前。注意撤换餐碟时要先征询宾客的意见,更换烟缸时要用右手拿干净的烟缸轻放在有烟蒂的烟缸之上(防止烟灰飞扬),两个烟缸收回,同时放在托盘上,然后再把上面干净的烟缸放回原处,烟缸内超过两个烟头时应更换。

(4)菜上齐后,应向主客示意,询问宾客还有什么要求,然后退至值台位置。

(十)分汤

准备所需要的汤碗、汤勺、大汤勺、餐碟,放在台上两边的位置。两手先拿住汤锅,把它放在台中间,锅盖拿起来轻轻放在锅旁边,用右手拿起大汤勺,左手拿餐碟,把汤分在每个汤碗里,九分满,从左到右分派,避免滴下汤滴。注意平均分配,把汤碗送到宾客面前,女士优先,并使用礼貌用语,对其他宾客介绍汤的名称,将汤碗汤勺放在茶碟上,把大汤勺放回餐碟,将汤锅盖放回汤锅上,如宾客用完汤要问:"先生/小姐,我可以收走吗?"动作要轻、快。

注意:分菜方式分为桌面分让式、双人合作式、餐车分让式。分菜要先宾后主,分菜后要稍有剩余。

(十一)巡台

发现宾客要吸烟,要准备好打火机,为宾客点烟,有空酒杯可问宾客是否添加酒水。

(十二)撤空盘、上牙签

桌上菜用完后空盘要及时撤掉,撤台时站在适当位置,左手托盘,右手拿空盘,放在托盘上,不可站在主宾、主人、女士、儿童、老人的身边撤。

(十三)上主食

准备所需的餐具,服务勺、碗、茶碟放在备餐台或小车上,根据宾客数量准备并摆放整齐,向宾客讲清哪种是谁点的。宾客数量少时,可直接用小碗上;宾客多时,根据情况用汤碗上。将面、饭等放在小车上,左手拿碗,右手拿勺叉,均匀为宾客分开。如有剩余,可再次为宾客添加,将分好的面或饭按顺序为宾客服务,不用分的主食可直接放在台面上(如金银馒头),并说"请您慢用"。

(十四)结账

(1)及时清点宾客所点物品和酒水饮料,未用的酒水饮料要告知宾客退回吧台。

(2)通知吧台打出消费清单,服务员做好核单工作,不得有疏忽遗漏。将账单放入收银夹中在宾客要求结账时,双手奉上账单。

(3)呈账单时要保持适当的距离并说:"先生/女士,这是您的账单,请过目。"如果宾客要求报出金额,则要用适当的声音报出。

(4)收到结账金额时要向宾客道谢。原则上不能询问宾客是否开发票。

(5)结账方式有:现金、信用卡、支票、签单。

①现金当面点清,辨别真伪,唱收,并请客人稍等,将现金送收银员,并将零钱放于收银夹中,站立于客人右后侧,打开收银夹,将钱和发票递给客人,并说"这是您的零钱和发票,请拿好",并向客人表示谢意。

②若客人用信用卡结账,应征询客人意见。如客人要求服务员代办,则服务员将客人的信用卡送到收银台,在收银员确认后,将卡单送到客人面前,由客人签字确认,然后将一联和发票交给客人,其余两联交给吧台;如客人要求到吧台结账,服务员应礼貌地引领客人到吧台。

③支票应有公司财务盖章、本人盖章,看清支票的限额、截止日期,要无折叠、无污渍、清晰。要有宾客本人的有效证件、联系电话。用标准水笔填写。签单则由主管部门提前通知。如宾客有异议时,要耐心讲解并再次核对账单。

④签单结账。若是住店客人,礼貌地请客人出示房卡,并请客人稍等,然后带客人房卡到收银台,待收银员确认后,取回账单,请客人签字确认;若是协议单位,请客人稍等,到吧台告诉收银员,待收银员及领班经理帮助确认后,取回账单,请客人签字;若客人要求把账挂在××宴会厅,收银员或服务员应问清客人的单位及订餐人,由吧台收银员与宴会收银员联系,确认有无此单位,若有,由宴会收银员或者服务员去询问客人是否有客人在零点用餐,确认后,请客人签字确认。

(十五)送客

问候宾客并向宾客礼貌致谢,询问宾客是否需要打包,提醒宾客不要遗忘贵重物品,站在适当的位置为宾客拉椅,面带微笑地目送宾客。引领客人至出口的方向,鞠躬再见,并欢迎宾客下次光临。

(十六)撤台、摆台

宾客离开后,服务员应关掉大灯、抽风、电视等,检查宾客有无遗留物品。撤台时站在适当的位置,左手托盘,右手收理餐具。

撤台步骤:撤口布→撤酒具→撤餐具→撤其他物品→撤台布。从大到小将菜碟收到托盘内,将豉油碟和味碟放在其他碗内一起收走。餐厅多数用酒水车,包房内用托盘,注意不要在宾客的面前将菜等倒在一起。将筷架和筷子放在餐碟上一起收到托盘内,全部撤走以后,重新摆台,恢复原来的摆台,准备接待下一批宾客。

三、服务过程中注意事项

(1)服务环境要净,切忌横七竖八、不洁不净。
(2)服务方式要勤,切忌慢慢吞吞、不理不睬。
(3)服务质量要精,切忌简单粗糙、不优雅不文明。
(4)服务态度要亲,切忌冷若冰霜、不诚恳不温和。

第二节　西餐零点服务

一、餐前准备

(一)餐前自查

检查仪容仪表、设施、设备、卫生清理、物品准备及摆台情况。仪容仪表符合规定,设施设备正常完好(否则及时上报领班),卫生达标,物品准备齐全、充足,摆台符合标准。

(二)餐具配备的检查

(1)刀、叉、勺、杯具、面包盘按餐位数的1∶1.5准备
(2)烟缸按桌数的1∶3准备
(3)口布按餐位数的1∶3准备
(4)桌布按桌数的1∶2准备
(5)垫布按餐位数的1∶2准备
要求餐具准备齐全、清洁、无破损,桌布、口布、垫布无油迹、污迹、破洞。

(三)准备其他物品

(1)椒盐瓶、托盘、牙签盅、糖缸、奶缸、茶壶、咖啡壶、菜单等,放于指定位置。
(2)备好开水、冰水、冰块。
要求物品及一次性用品配备充足,托盘、暖瓶等干净无污迹,水备量充足,开水温度在80°C以上。

二、零点服务流程

（一）预订服务

(1)西餐零点餐厅预订一般多为电话预订,电话铃响不能超过三声即应拿起。

(2)接听电话首先用英语问好,如遇对方没有反应,即用汉语问好:"您好,请问需要帮忙吗?"

(3)在介绍订座时,必须登记宾客姓名、人数、选择吸烟区或非吸烟区、就餐时间、房间号码及特殊要求。

（二）站位迎宾（Greet the guests）

迎宾员热情招呼宾客,询问宾客人数,需要吸烟区或非吸烟区,并安排宾客入座。常用用语如下:

(1)"Good afternoon\evening, Sir\Madam."

(2)"How many persons in your group?"

(3)"Would you like smoking or non-smoking area?"

(4)"This way, please."

对迎宾员而言,根据宾客人数可以提供相应的餐桌,安排宾客满意的桌位。

（三）拉椅让座（Seat the guests）

迎宾员带宾客来到餐桌前,应先询问宾客对此安排是否满意,若不满意再安排其他餐桌。常用句子如下:

(1)"Is this table OK?"

(2)"Take the seat, please."

宾客入座前,应先替宾客拉椅让座(遵循女士优先的原则),再铺餐巾,然后递菜单与饮料单(菜单每人一份),并祝宾客用餐愉快。

在铺餐巾、递菜单的过程中,应遵照右站式服务的标准,即在宾客右手位为宾客铺餐巾、递菜单。此时餐厅领班应主动上前协助迎宾员对客服务。

（四）点蜡烛（晚餐）

(1)服务员后退半步,点燃火种,身体前倾把餐台上的蜡烛点燃后,立即熄灭火种。

(2)注意火种不能碰到宾客。

（五）递菜单、饮料单服务

翻开菜单和饮料单第一页,用双手从宾客右边递上并说:"这是我们的菜单和饮料单,请您先看一下。"服务顺序先女后男,先小孩后大人。吐字要清晰,音量要适中。常用语如下:

"Excuse me, here is your menu, please take your time. We will come back later."

（六）点饮料服务（Take order of drink）

（1）迎宾员离去后，餐厅领班主动上前问候宾客并询问宾客需要什么饮料。可以说：

"Excuse me, would you like something to drink first?"

（2）宾客点饮料后，领班应主动复述点单（repeat the order），以避免因听错宾客的点单而出现差错。并且立即开出 captain order 让服务员提取饮料。

（七）饮料服务（Serve the drink）

（1）服务员给宾客上饮料时应在宾客右手位服务。可以说：

"Excuse me, here is your ××. Please enjoy."

（2）上饮料时，只应将饮料倾倒入水杯中八分满，然后把饮料放在水杯斜下方。

（八）点菜服务（Take order of food）

（1）上完饮料后，如宾客有要点菜迹象，领班应立即上前给宾客点菜。

（2）宾客表示可以接受点菜的迹象有以下几点：

①将菜单合拢，放于桌上。

②手持菜单，四处张望。

③对服务员挥手。

（3）点菜时应遵循女士优先的原则，并在点菜后复述点单，最后祝宾客用餐愉快。常用语如下：

①"Excuse me , may I take your order now?"

②"I hope you will enjoy your lunch\dinner."

（4）此时需注意以下几点：

①复述点单可在每位宾客点菜完毕后进行，也可在一桌宾客的点菜完毕后进行。可以说：

"Excuse me, you order one ×× as starter, and the soup is ××, the main course is ××, is that all right?"

②在点菜过程中，如有宾客争抢点菜，可以这样对宾客说：

"Just one minute , one by one ,OK?"

（九）面包服务（Serve the bread）

（1）领班点菜后，安排员工给宾客派面包。常用语如下：

①"Excuse me, would you like some bread? We have French bread, rye bread, soft roll and hard roll. Which one would you like?"

②"How many pieces would you like?"

（2）上面包时应在宾客左手位服务，根据需要派给宾客面包，面包应放在宾客左侧的面包碟（B/B plate）上。派完面包后询问宾客需要哪一种黄油。可以说：

"Excuse me, we have normal butter and low – fat butter, which one would you like?"同时把黄油也放在面包碟上。

(3)在服务员派面包的同时,领班开出 captain order 传递给厨房并安排员工换位。换位过程中需注意以下三点:

①西餐菜单大致分为头盘、汤、主菜、甜品四道菜,每道菜需使用不同的餐具。

②头盘应使用头盘刀叉,汤类食品使用汤勺,主菜应根据菜品的不同使用正餐刀叉或正餐叉、牛扒刀等。而甜品则使用甜品刀叉或甜品勺。

③换位时在宾客右手位进行。

(十)上菜服务(Serve the food)

上菜由传菜员(bus – boy)负责。上菜时需注意以下几点:

(1)上菜应遵照头盘、汤、主菜、甜品的顺序。应在宾客右手位进行。

(2)女士优先。

(3)第一道菜未撤下来之前,不能上第二道菜。

(4)同一桌的同一道菜应同时上桌。

(5)上菜后应立即报菜名。可以说:"Excuse me , here is your ××. Please enjoy."

(十一)酒水服务(Serve wine)

根据宾客点的主菜,餐厅领班或经理应向宾客推荐红、白葡萄酒。

(1)可在宾客点菜时推荐葡萄酒,也可在宾客享用主菜时推荐。

(2)一般而言,红酒配红肉、白酒配白肉。具体原因如下:

①红肉即牛肉、羊肉、猪肉。因牛、羊肉肉味醇厚,而红酒酒味芳香醇厚,两者相互搭配,肉味和酒味相得益彰,不至于肉味被酒味压住,或者酒味把肉味掩盖。

②白肉即家禽类肉、海鲜类肉。白葡萄酒酒味清冽,而白肉类食品肉味清淡,如果佐以红葡萄酒,则红酒酒味会将肉味掩盖。

(3)宾客点酒后,领班或经理立即安排服务员,根据宾客人数上葡萄酒杯,然后上酒。上酒程序如下:

①展示(Show the wine)。如果宾客点的是红酒,则用酒篮盛放;如果点的是白酒,则用 wine cooler 盛放,wine cooler 内加半桶冰水。用餐巾包住酒瓶两侧,让宾客确认。此时应注意,一定要由点酒的宾客确认。可以说:

"Excuse me, is this your order?"

(2)启瓶(Open the wine)。宾客确认点的葡萄酒后,领班或经理在征得宾客同意后开瓶。开瓶后的瓶塞置于面包碟上,放在宾客桌上。

(3)尝酒(Try the wine)。开瓶后,将少量酒水倾倒入点酒的宾客杯中,示意宾客品尝。宾客品尝后,如果满意,则依次顺时针给其他宾客倒酒。红葡萄酒只倒葡萄酒杯的一半,白酒倒 2/3。最后才给点酒的宾客倒酒。

(十二)撤盘服务(Take the plate away)

撤盘由服务员在宾客右手位进行,并事先征询宾客同意,同时刀、叉一并收走。可以说:

"Excuse me, may I take the plate away?"

(十三)巡台服务

(1)添酒。宾客酒杯中的酒不能少于 1/3,如酒品已空,要展示给宾客看,待主人认可后方可将空瓶拿走。

(2)添冰水。水杯里的水少于 1/3 时就应该添加。

(3)添黄油。如宾客还在吃面包,而面包碟中的黄油少于 1/3 时要添加。

(4)添面包。根据宾客需要及时添加。

(5)更换烟缸。保证烟缸内烟头不超过 3 根或烟缸内不能有许多杂物。

(十四)及时处理投诉(Check satisfaction)

宾客用餐时,餐厅领班、经理应检查宾客对菜品的满意度至少 2~3 次,并及时将宾客意见反馈给厨房。可以说:

"Excuse me, how do you feel about your ××"

如果宾客投诉,应立即上报餐厅经理,由餐厅经理出面解决,并反馈给相关部门。投诉一般包括以下两方面:

(1)投诉菜品质量问题。应立即道歉,询问原因,并询问宾客是否愿意换菜。如果宾客表示不用换菜,应再次道歉并表示感谢;如果宾客表示需要换菜,则立即通知厨房并告知宾客需等候的时间,并在上菜时再次道歉。可酌情减免账单。

(2)投诉服务质量问题。如果宾客投诉服务不周,应立即道歉并询问原因,并可酌情免费赠送果盘、咖啡等。处理完宾客投诉之后,再追查服务员或是当班领班的责任,并依实际情况予以处分。

(十五)问茶服务(Serve coffee/tea)

宾客用完主菜后,领班上前询问宾客是否需要甜品或咖啡、茶。可以说:"Excuse me, would you like something sweet or some coffee or tea?"如果宾客需要此类热饮,则安排员工上咖啡、茶。此时需注意以下几点:

(1)上咖啡、茶时在宾客右手位进行。

(2)各种咖啡、茶饮料同时配有不同的糖、奶及器具。

①热咖啡、热红茶配糖、淡奶、咖啡杯、咖啡碟、咖啡勺。

②冻咖啡配糖水、淡奶、苏打杯、straw、stir。

③热柠檬茶配糖(热柠檬茶如加淡奶则会起沉淀)、茶壶、咖啡杯、碟、柠檬片、咖啡勺。

④冻柠檬茶配糖水、苏打杯、straw、stir。

⑤冻红茶配糖水、淡奶、苏打杯、straw、stir。

⑥绿茶、花茶不需加任何糖、奶,配茶壶、咖啡杯、碟。

(十六)结账服务(Send the bill)

(1)宾客用餐完毕示意结账,应先询问宾客是要一张单还是分单。可以说:

"Excuse me, would you like one bill or separate check?"

递账单时服务员或领班站在宾客右手位。可以说:

"Excuse me, here is your bill."

找零完毕,宾客离店时应表示感谢。可以说:

"Thank you for your coming, bye – bye."

(2)结账方式有:现金、信用卡、支票、签单。(同中餐零点服务)

(十七)送客服务

(1)当宾客即将离座时,应及时上前为宾客拉椅,并将宾客送至餐厅门口。

(2)感谢宾客的惠顾,欢迎宾客再次光临。

(十八)餐尾收尾

(1)收台。清点口布、香巾、餐具,收台时先收口布、香巾,然后收玻璃杯、筷子、瓷勺、不锈钢餐具等由服务人员自己清洗的餐具,其他餐具分类收好放于托盘内送往管事部。要求数目正确,无缺少、破损,餐具分类摆放。

(2)清洗餐具。

①除去残渣,用放有餐洗剂的水进行清洗。

②消毒。(消毒液配备比例为1∶500)

③用清水冲净。

④用消过毒的布擦净。

要求餐具轻拿轻放,无污迹,无水迹,符合《质检手册》标准。

(3)更换台布。将用过的台布撤下抖净杂物,放于指定的布草存放处,再将干净完好的台布铺上。要求新换的布草要干净,大小适中,无污迹,无破损,干净完好的台布无须撤换。

(4)擦拭调料瓶、牙签盅、桌号牌。用抹布按先湿后干的顺序,将牙签筒、桌号牌、花瓶擦拭干净,标准摆放于指定位置。要求摆放整齐,无污迹,无破损。

(5)整理桌椅。

三、西餐的服务方式

(一)法式服务

法式服务源于欧洲贵族家庭及王室,是一种比较注意礼节的服务方式,其服务的节奏通常较慢。法式服务不同于其他服务方式,它要求将所有食品菜肴置于手推车上,在宾客面前加热或烹调后服务给宾客。手推车高度与餐桌相同,并放在靠近宾客餐桌处。车上放有火炉以保持食品的温度。法式服务一般由两名服务员协作完成,一名为主,另一名为辅。为主的服务员负责接受点菜、烹饪加工、桌面服务、结账等工作;为辅的服务员负责传递单据、物品,摆台等工作。

1. 法式餐桌的布置

(1)前菜盘一个,置于台面座位的正中央,其盘缘距桌边不超过2.54厘米(1英寸)。

(2)前菜盘上放一条折叠好的餐巾。

(3)叉子置于餐盘的左侧,叉齿朝上,叉柄末端与餐盘平行成一直线。

(4)餐刀置于前菜盘的右侧,刀口朝左,刀柄末端与餐叉平行。

(5)叉与叉、刀与刀间的距离要相等,不宜太大。

(6)奶油碟置于餐叉的左侧,碟上置奶油刀一把,与餐叉平行。

(7)在前菜盘的上端置点心叉及甜点匙,供宾客吃点心用。

(8)饮料杯、酒杯置于餐刀上方,杯口在营业时间要朝上,这点与美式摆台不同。若杯子有两个以上时,则以右斜下方式排列。

(9)若要供应咖啡,应在点心上桌之后供应,咖啡匙置于咖啡杯的右侧底盘上。

2. 上菜

(1)助理服务员在厨房将菜肴置于精美、漂亮的大银盘上,端进餐厅并放在火炉上保持温度。然后由首席服务员加工,除去骨刺,加调味及必要的装饰。

(2)首席服务员用双手把宾客挑选的菜肴从大银盘盛往宾客的餐盘时,助理服务员应用手端着宾客的餐盘,其高度应低于大银盘。首席服务员也可只用一只手持汤匙及餐叉来换菜。

(3)首席服务员盛菜时,应注意宾客的需要量,不宜菜量过大。

(4)待盘碟盛好菜,助理服务员用右手端盘,从宾客的右侧端上。

(5)在法式服务中,除了面包、黄油碟、沙拉碟及其他特殊的盘碟必须从宾客的左侧供应外,其余的饮食均应从宾客的右侧端上,但习惯于用左手的服务员,也可用左手从宾客的左侧端上。

3. 上汤

(1)汤是由首席服务员从银盆盛到汤盘里,然后由助理服务员或首席服务员用右手从宾客的右侧端上。

(2)助理服务员端热汤给宾客时,汤盘应放在宾客的底盘之上,其间放一块叠好的餐巾,这块餐巾有双重用途:使得服务员端热汤时不致烫手,而且防止服务员把大拇指压在汤盘上面。

4. 清理餐桌

(1) 在供应点心之前,应先清理餐桌并摆好烟灰缸,不能在宾客正在用餐时收拾餐具。

(2) 不能在宾客面前堆叠盘子,吃完主菜后要把盐瓶和胡椒瓶撤走。

5. 上洗手盅

(1) 洗手盅是和用手拿取食用的食物一起服务给宾客的。

(2) 洗手盅里仅倒 1/3 盅的温水,水中通常放一小片柠檬或花瓣作装饰。

(3) 洗手盅通常放在银质的底碟之上,中间放一条小布。

(4) 端上洗手盅的同时供应干净餐巾。在法式服务中任何一套菜后,必须为宾客送上洗手盅,同时备有一块干净的餐巾。

6. 特殊菜肴上菜时的配套餐具

(1) 龙虾应视其温度摆放于冷或热的盘碟。冷龙虾用冷盘,热龙虾用热盘,并上鱼刀、鱼叉、果核剥取器、奶油碟及奶油刀、洗手碗。

(2) 鱼子酱应配冷却的开胃品碟、小刀叉、茶匙、奶油碟及奶油刀。

(3) 牡蛎、蛤牡蛎和蛤通常用银盘供应。银盘上面铺有小冰盘,牡蛎或蛤放在冰块上面。有时也把牡蛎置于餐桌中央,而宾客面前放有盘碟。这时应为宾客提供牡蛎叉,并上黄油碟、奶油及洗手碗。

(4) 蜗牛用热盘碟盛放。

① 将装满带壳蜗牛的银盘置于餐桌中央,银盘上铺有加热的食盐。

② 提供蜗牛叉、蜗牛夹、黄油及油刀、洗手碗。宾客可用蜗牛夹夹蜗牛并用特别的蜗牛叉子吃其中的肉。午餐食用蜗牛时,应与烤面包一块供应。

(5) 新鲜水果配水果盘、点心盘、水果叉、水果刀及洗手碗。

(6) 上鲜葡萄。供应鲜葡萄时需要提供特别的服务。餐具包括:水果盘或点心盘一个;盛有冰水的玻璃碗一个;剪刀和水果刀叉各一把;洗手碗一个。

食用方法:整串葡萄放于玻璃盘上并摆在餐桌中央,宾客用剪刀取一部分葡萄,放进玻璃碗中用冰水洗净后摆在自己的盘碟中。接着可以用手或水果刀叉剥皮取核后食用。

(二)美式服务

美式服务是一种基本的而且使用普遍的服务形式。它要求服务员必须有技巧地端拿盘子而不至于弄乱盘上的菜肴。至于端拿盘子的方法则视盘子数目而定。专业的美式服务中,一次不可端拿超过四个盘子。一次端拿四个盘子是可以办到的,但由于平衡感的问题,并不被视为是专业性的服务。

在业界最常用的是两个或三个盘子的持拿。左手持拿两个或三个盘子,而右手则不持物品或用来持拿另一个盘子,因此一次可以持拿二至四个盘子。在替宾客收拾盘子时,仍必须用到相同的持盘技巧。所有专业服务人员必须在端盘及收盘方面相当熟练。

1. 美式餐桌的布置

(1)美式餐桌桌面通常铺层毛毯或橡皮桌垫,借以防止餐具与桌面碰撞发出响声。

(2)在桌垫上再铺一条桌巾,桌巾边缘从桌边垂下约30厘米,刚好在座椅上面。有些餐厅还在桌布上以对角方式另铺一条小餐桌布,当宾客餐毕离去更换桌布时,仅更换上面的小桌布即可。

(3)每两位宾客应摆糖盅、盐瓶、胡椒瓶及烟灰缸各一个,若安排六席次时,则每二三人一套即可。

(4)将叠好的餐巾置于餐桌座位的正中央,其末端距桌缘约1厘米。

(5)餐巾左侧放置餐叉两把,叉齿向上,叉柄距桌缘约1厘米。

(6)餐刀、奶油刀各一把及汤匙两个,均置于餐巾右侧,刀口向左侧,依餐刀、奶油刀、汤匙的顺序排列,距桌缘约1厘米。

(7)奶油刀有时可置于面包碟上端使之与桌边平行。

(8)玻璃杯杯口朝下,置于餐刀刀尖右前方。

优点:服务时便捷有效率,同法式服务相比,相同时间内可服务多位宾客;不需分菜动作,工作简单容易学习,服务人员训练容易。

缺点:缺少桌边现场烹调服务,服务方式不够亲切。

2. 美式服务的特点

简便迅速、省时省力、成本较低、价格合理;美式餐饮服务不必像法式那么刻意考究,因此餐饮服务员只要经过短期的训练与实习即可胜任,一名技术熟练的餐饮服务员可同时服务四桌的宾客。

3. 美式服务的要领

美式服务可以说是所有类型餐厅服务方式中最简单方便的一种,主菜只有一道,而且是在厨房装盛好,由服务员端至宾客面前即可。

具体服务要领如下:

(1)上菜时,除饮料以右手自宾客右后方供应外,其余均以左手由宾客左后方供应。

(2)收拾餐具与桌面盘碟时,一律由宾客右侧收拾。

(3)当宾客进入餐厅,即引导入座,并将水杯杯口朝上摆好。

(4)将冰水倒入杯中,以右手自宾客右侧方倒冰水。

(5)递上菜单,并请示宾客是否需要饭前酒。

(6)接受点菜,并须逐项复诵一遍,确定无误再致谢离去。

(7)所有汤或菜肴,均须以托盘从厨房端出,从宾客左后方供食。

(8)若宾客点叫前菜,则前菜叉须事前摆在餐桌上,或是随前菜一并端送出来,将它放在前菜底盘右侧。

(9)宾客吃完主菜时,应注意宾客是否还需要其他服务,并递上甜点菜单,记下宾客所点的甜点及饮料。送上甜点之后,再送上咖啡或红茶。

(10)准备结账,将账单准备妥当,并查验是否有错误,若无错误,再将账单面朝下置于宾客左侧的桌缘。

(三)俄式服务

俄式服务起源于俄罗斯的贵族家庭与沙皇宫廷之中,并渐为欧洲其他国家所采用。俄式服务是一种豪华的服务,使用大量的银质餐具,十分讲究礼节,风格典雅,能使宾客享受到体贴的服务和照顾。

俄式服务主要用于高档的西餐宴会。

1. 俄式服务的基本方式

(1)在大盘中用汤匙或叉子分送食物。

(2)服务员从左侧服务。

(3)由左前臂及手掌去支撑托盘。

(4)服务员环绕餐桌逆时针方向服务。

(5)不同的调味料使用不同的服务汤匙。

(6)每一道菜服务用的器具要加以区别。

2. 俄式服务注意事项

(1)每一餐桌的盘子都由厨房供应,且经过装饰,每一道菜包括主菜、蔬菜及淀粉类都有分用的盘子,被送达到每一个餐桌,每一个餐桌都有一个服务员服务。

(2)调味料被放于鹅状或船状的调味盅中且分别放置在餐桌周边。

(3)服务汤匙或叉子应在分食物时送到宾客的盘子上,每一道餐点或盘子都搭配不同的用具。

(4)收盘子从宾客的右手边来进行,依顺时针方向绕着桌子来收拾。

(5)送冷、热食物需注意送达时的温度,要用容器来帮助其保温。

(6)上菜时,盘子由厨房快速地送至餐桌。

(7)服务须由主人右手边的女士开始,或是从餐桌上最年长的女士开始,然后才是男士。服务员服务餐桌,须绕桌两次,对儿童的服务与女士相同。

3. 俄式服务的步骤

(1)使用干净的叉子和汤匙,再配合每一个盘子。马铃薯和青菜需放在不同的容器里,两个汤匙不能一起使用,而两个叉子是可能一起使用的。

(2)餐盘放置在前臂和手掌上,盘缘顶到肘部的关节,保持平衡。

(3)服务时女士优先,男士次之。轻声地站在所要服务的女士后面,先缓缓地上前服务,再退出。在两位宾客之间服务,左脚先迈入,放餐点于两位宾客中间,再推向被服务的宾客面前。

(4)收拾完之后,姿态谦卑地退出来,退出时身体和脚的运动保持直线。

(5)收拾宾客的餐盘,姿势要正确,用调味料要小心,避免溅到宾客的身上。

(6)不要在宾客的盘子上留空,收盘子时如果握盘握太高的话,那很容易溅到宾客或衣服上,所以服务时,最好保持3厘米的高度,这是非常难的,须经常学习。

(7)左手拿托盘,收盘子时,以右手收,放置于左手的托盘上。

(8)以右手食指控制刀的方向,手掌握住刀柄。刀子应放在汤匙的旁边,基本的餐具应放在宾客易于拿到的位置。

(9)使用钳子时用拇指、食指与中指拿起或放下。

(10)用大汤匙服务每个宾客,把菜分到每个宾客的餐盘上。

(11)使用刀子时,刀锋朝左面,使用刀背固定食物。

(四)英式服务

英式服务又称家庭式服务。其服务方法是服务员从厨房将烹制好的菜肴传送到餐厅,由主人亲自动手切肉装盘,并配上蔬菜,服务员把装盘的菜肴依次端送给每一位宾客。调味品、沙司和配菜都摆放在餐桌上,由宾客自取或相互传递。英式服务的家庭气氛很浓,许多服务工作由宾客自己动手,用餐的节奏较缓慢。在美国,家庭式餐厅很流行,这种家庭式的餐厅采用英式服务。英式服务从宾客的右边进行,而清理盘碗是从宾客左边进行。

(五)综合式服务

综合式服务是一种融合了法式服务、俄式服务和美式服务的综合服务方式。许多西餐宴会的服务采用这种服务方式。通常用美式服务上开胃品和沙拉,用俄式或法式服务上汤或主菜,用法式或俄式服务上甜点。不同的餐厅或不同的餐次选用的服务方式组合也不同,这与餐厅的种类和特色、宾客的消费水平、餐厅的销售方式有着密切的关系。

(六)自助式服务

自助式服务是把事先准备好的菜肴摆在餐台上,宾客进入餐厅后支付一餐的费用,便可自己动手选择符合自己口味的菜点,然后拿到餐桌上用餐。这种用餐方式称为自助餐。餐厅服务员的工作主要是餐前布置,餐中撤掉用过的餐具和酒杯,补充餐台上的菜肴等。

第三节 客房送餐服务

客房送餐是大型酒店、宾馆必不可少的一个服务项目。有的宾客喜欢在房间里不受任何干扰、自由自在地进餐,有的则是因为要赶时间不能到餐厅就餐,有的是因为身体不适,所以要求提供送餐服务。送餐部通常是餐饮部下属的一个独立部门。

一、客房送餐服务的主要内容

(一)早餐

早餐是客房送餐的最主要的项目,主要供应正式的欧陆式早餐、美式零点早餐。

(二)中餐、晚餐、夜宵

提供容易烹调、速度快、不易变味的菜肴。

(三)点心

包括三明治、面点、主食、甜点、水果等。

(四)饮料

只要是酒店、宾馆有的饮料都可向宾客提供。

(五)特殊服务

(1)总经理赠送 VIP 宾客的花篮、水果篮、欢迎卡等都由客房送餐服务员负责送入客房。

(2)送给 VIP 宾客的生日礼物,如鲜花、蛋糕等。

(3)节日送给全部或部分宾客的礼物。

二、客房送餐的餐单

(一)门把手餐单

为方便宾客而挂在门把手上的一种纸质的一次性餐单,一般适用于早餐。上面列有各种菜肴、酒水饮料、各式套餐的名称、供餐时间、价格。宾客订餐时,只要简单地在餐单名称前的小方框中打上"√"挂在门外把手上即可,由客房服务员收取并及时送到客房送餐办公室。

(二)床头柜餐单

通常摆放在客房的床头柜上,餐单中一般列有酒店、宾馆中西餐厅的部分菜肴,但都是较容易烹制和制作速度快的菜肴,适用于午餐、晚餐及夜宵。

三、客房送餐服务程序及标准

(一)了解当天食品供应情况
(1)电话员要了解当天食品供应情况,分别于上午10点和下午2点进行确认。
(2)准确记录餐单上食品实际供应的变动情况,详细记录推荐食品的原料、配料、味道及制作方法。
(3)将食品信息通知到客房送餐的每一位服务员。

(二)接受宾客预订
(1)电话铃响三声之内接听电话。
(2)聆听宾客预订要求,掌握宾客订餐种类、数量、人数及特殊要求,解答宾客提问。
(3)主动向宾客推荐、说明送餐服务项目,介绍当天推荐食品,描述食品的数量、原料、味道、辅助配料及制作方法。
(4)复述宾客预订内容及要求,得到宾客确认后,告知宾客等候时间并向宾客致谢。
(5)待宾客将电话挂断后,方可放下听筒。

(三)填写订单并记录
(1)订单一式四联,分别交由厨房、冷菜、收款、酒吧保存。
(2)电话员按用餐顺序将宾客所订食品填在订单上。
(3)宾客如需特殊食品或有特殊要求需附文字说明连同订单一同送往厨房,必要时,可向厨师长说明。
(4)在送餐服务记录本上记录宾客订餐情况,包括订餐宾客房间号、订餐内容、订餐时间、服务员姓名、账单号码。

(四)备餐摆台
(1)准备送餐用具(送餐车、托盘)和餐具。
(2)准备宾客所订食品和饮料。
(3)依据宾客订餐种类和数量,按规程摆台。
(4)热菜一定要放入保温箱内。

(五)送餐
(1)在送餐途中,保持送餐用具平稳,避免食品或饮品溢出。
(2)食品、饮品餐具需加盖或加洁净盖布,确保卫生。
(3)核实宾客房号、敲门三下,报称:"Room Service"。

(六)客房内服务
(1)待宾客开门后,问候宾客,并询问是否可以进入客房,得到宾客允许后进入客房,并致谢。

(2) 询问宾客用餐的位置。

(3) 如是早晨,询问宾客是否需要帮助其打开窗帘。

(4) 按照宾客要求放置,依据订餐类型和相应规程进行服务。

(七) 结账

(1) 双手持账单夹上端,将账单递给宾客。

(2) 将笔备好,手持下端,将笔递给宾客。

(3) 宾客签完后向宾客致谢。

(4) 询问宾客是否还有其他要求,若宾客提出要求要尽量满足。

(八) 道别

(1) 请宾客用餐。

(2) 退出房间。

(九) 收餐

(1) 检查订餐记录,确认房间号。

(2) 早餐为30分钟后打电话收餐,午、晚餐为60分钟后打电话收餐。

(3) 问候宾客、礼貌称呼宾客姓名并自我介绍,询问宾客是否用餐完毕。

(4) 服务员收餐完毕即刻通知订餐员,订餐员要详细记录。

(5) 当宾客不在房间时,请楼层服务员开门及时将餐车餐盘等用具取出。

(6) 若宾客在房间,收餐完毕需询问宾客是否还有其他要求,然后道别。

思考与练习

1. 简述中餐零点服务的方法及注意事项。
2. 简述西餐零点服务的方法。
3. 客房送餐有哪些要求?

第四章 宴会服务

学习目标

通过本章学习,应达到以下目标:
知识目标:了解中西餐宴会服务方法。
技能目标:熟悉各宴会服务的主要环节技能。
能力目标:能独立应对各种宴会服务。

第一节 宴会

宴会(英文为 Banquet 或 Dinner)是国际和国内的政府、社会团体、单位公司或个人为了表示欢迎、答谢、祝贺、喜庆等社交目的的需要,根据接待规格和礼仪程序而举行的一种隆重的、正式的餐饮活动。宴会具有社交性、聚餐式和规格化三个显著特点。

一、宴会的起源与特点

(一)宴会的起源

宴会起源于社会及宗教发展的朦胧时代。早在农业出现之前,原始氏族部落就在季节变化的时候举行各种祭祀、典礼仪式,这些仪式往往有聚餐活动。农业出现以后,因季节的变换与耕种和收获的关系更加密切,人们也要在规定的日子里举行盛宴,以庆祝自然的更新和人的更新。

中国宴会较早的文字记载,可见于《周易·需》中的"饮食宴乐",《诗经》中有许多宴饮诗,著名的如《鹿鸣》、《行苇》、《四牡》、《皇皇者华》、《国风》等。

(二)宴会的特点

(1)对环境布置要求较高,强调隆重热烈,讲究气氛渲染。
(2)消费标准高,菜点、酒水的种类数量预先确定。

（3）就餐人数多，用餐标准预先确定。
（4）讲究服务礼仪，对服务要求高，强调细致周到，讲究礼貌礼节。
（5）服务标准化，规模和规格预先确定。

二、宴会的种类与内容形式

（一）宴会的种类

根据不同的分类方式，宴会有如下种类：

1. 按内容和形式分类

宴会按内容和形式的不同可分为中餐宴会、西餐宴会、冷餐酒会、鸡尾酒会、茶话会等。

2. 按进餐标准和服务水平分类

宴会按进餐标准和服务水平的高低可分为高档宴会、中档宴会、一般（普通）宴会等。

3. 按进餐形式分类

宴会按进餐形式的不同可分为立餐宴会、坐餐宴会、坐餐和立餐混合式宴会等。

4. 按礼仪分类

宴会按礼仪可分为欢迎宴会、答谢宴会、告别宴会等。

5. 按主办人身份分类

宴会按主办人身份的不同可分为国宴（State Banquet）、正式宴会（Banquet，Dinner）、非正式宴会（便宴）、家庭宴会等。

正式宴会除不挂国旗、不奏国歌以及出席规格不同外，其余安排大体与国宴相同。有时亦安排乐队奏席间乐。宾主均按身份排位就座。许多国家正式宴会十分讲究排场，在请柬上注明对宾客服饰的要求。外国人对宴会服饰比较讲究，往往从服饰规定体现宴会的隆重程度。对餐具、酒水、菜肴道数、陈设，以及服务员的装束、仪态都要求很严格。

便宴即非正式宴会，常见的有午宴（Luncheon）、晚宴（Supper），有时亦有早上举行的早餐（Breakfast）。这类宴会形式简便，可以不排席位，不作正式讲话，菜肴道数亦可酌减。

家宴即在家中设便宴招待宾客。西方人喜欢采用这种形式，以示亲切友好。家宴往往由主妇亲自下厨烹调，家人共同招待。

6. 按规模分类

宴会按其规模大小（出席者的人数多少）可分为大型宴会（200人以上）、中型宴会（100～200人）、小型宴会（100人以下）等。

7. 按菜肴特点分类

宴会按菜肴特点的不同可分为海鲜宴、燕窝宴、野味宴、全羊席、满汉全席、火锅宴、饺子宴、素席等。

(二) 宴会的内容形式

宴会的种类不同,其内容和形式也各不相同。

1. 国宴

国宴是一个国家的国家元首或政府首脑为国家的庆典(如国庆),或为欢迎来访的外国元首、政府首脑,或是来访的外国元首(政府首脑)为答谢东道国政府而举办的一种正式宴会,这是规格最高的一种宴会形式。宴会厅内悬挂国旗,安排乐队演奏国歌及席间乐,席间还有致辞或祝酒。

2. 中餐宴会

中餐宴会是按中国传统举办的一种宴会形式。中餐宴会依照中国的饮食习惯,吃中式菜点,喝中国酒水,用中式餐具。菜点品种和数量根据进餐标准高低而有所不同。

3. 西餐宴会

西餐宴会是按西方传统举办的一种宴会形式。西餐宴会依照西方的饮食习惯,吃西式菜点,喝外国酒水,根据菜点不同使用多套的餐具,讲究菜点与酒水的搭配。

4. 冷餐酒会(自助餐)

冷餐酒会(英文为 Buffet, Buffet – dinner)是按自助餐的进餐方式而举办的一种宴会形式。这种宴请形式的特点是,不排席位,菜肴以冷食为主,也可有热菜,且既有西菜西点,又有中菜中点,饮食与餐具均陈设在餐桌上,供宾客自取。酒水通常放在吧台上由宾客自取,或由酒水员托送。宾客可自由活动,可以多次取食。酒水可陈放在桌上,也可由招待员端送。冷餐会宴会在室内或在院子里、花园里举行,可设小桌、椅子,自由入座,也可以不设座椅,站立进餐。根据主、客双方身份,招待会规格隆重程度可高可低,举办时间一般在中午12时至下午2时、下午5时至7时左右。这种宴会形式常用于官方正式活动,以宴请人数众多的宾客。因其灵活方便而常为政府部门、企业界、商贸界举办人数较多的欢迎会、庆祝会、开业或周年庆典、新闻发布会时所采用。

5. 鸡尾酒会

鸡尾酒会(英文为 Cocktail)是欧美社会传统的聚会交往的一种宴会形式。这种招待会形式较活泼,便于广泛接触交谈。招待品以酒水为主,略备小吃。不设座椅,仅置小桌(或茶几),以便宾客随意走动。酒会举行的时间亦较灵活,中午、下午、晚上均可,请柬上往往注明整个活动持续的时间,宾客可在其间任何时候到达和退席,来去自由,不受约束。鸡尾酒会也可在正式宴会前举办,作为宴会的一部分。

鸡尾酒是用多种酒配成的混合饮料。酒会上不一定都用鸡尾酒,常用的酒类品种较多,并配以各种果汁,不用或少用烈性酒。食品多为三明治、果仁、肉卷、小香肠、炸春卷等各种小吃,以牙签取食。饮料和食品由招待员用托盘端送,或部分放置于小桌上。

三、宴会的预订

宴会预订这项工作专业性和灵活性较强。

(一)宴会销售预订人员应具备的素质和技能

(1)了解各宴会场所的面积、设施情况并懂得如何适应客户要求做出反应。

(2)清楚本饭店各类菜肴的加工过程、口味特点,针对季节和宾客人数变动,提出对菜单做相应调整的建议。

(3)了解各个档次宴会的标准售价、同类饭店的价格情况,并有应付讨价还价的能力。

(4)具备本部门宴会服务人员应有的专业素质、工作能力等。

(5)熟悉与具体宴会菜单相配合的酒水。

(6)解答宾客就宴会安排提出的各种问题。

(二)宴会预订的方式

1. 直接预订(面谈)

直接预订是宴会预订较为有效、实用的方式。在宴会规模较大、宴会出席者的身份较高或宴会标准较高的情况下,宴会举办单位或个人一般都要求当面洽谈,直接预订。饭店宴会销售员或预订员应根据宾客要求详细介绍宴会场地和所有细节安排,如厅堂布置、菜单设计、席位安排、服务要求等,应尽量满足宾客提出的各项要求,并商洽付款方式,填写宴会预订单,记录预订者的联系地址、电话号码等以便日后用信函或电话等方式与宾客联络。

2. 电话预订

电话预订是一种较为有效的宴会预订方式,常用于小型宴会的预订,在饭店的常客中尤为多见。此外,关于大型宴会面谈、宴会的落实或某些事项的更改等通常也是通过电话来沟通信息的。与直接预订相同,预订员应在电话中向宾客介绍、推销餐饮产品,落实有关细节,填写宴会预订单等。

3. 传真预订

宾客还可通过信函、传真等方式来进行宴会预订,饭店应想方设法与客户联络,尽力扩大宴会销售业务,努力提高宴会设施利用率,从而为饭店创造良好的社会效益和经济效益。

4. 网络预订

近年来,随着互联网技术的快速发展,网络已成为现代人日常生活中不可或缺的部分。网上预订由于其独有的便捷性和直观性,更能够轻而易举地被现代人认同和接受。网络预订的特点是直观性、优惠性、便利性。

(三)宴会预订常用的表格

(1)宴会预订单。
(2)宴会合同书。
(3)宴会安排日记簿。

(四)宴会预订的程序

1. 接受预订

(1)热情应接。
(2)仔细倾听。
(3)认真记录。
①宴会的类型,是中餐宴会,还是西餐宴会,或是冷餐酒会;
②宴会的举办日期和时间;
③宴会的出席人数(包括最低保证人数)和餐桌数;
④宴会的名称、性质和宾客身份等;
⑤宴会的举办单位或个人、联络人、联络地址和电话号码等;
⑥计划安排的宴会厅名称,厅堂布置和台形设计的要求;
⑦菜单的主要内容;酒水的种类和数量;
⑧收费标准和付款方式;
⑨宴会的其他要求,如休息室、请柬、席位卡、致辞台等;
⑩接受预订的日期和预订员的签名,等等;
宴会预订单填写好以后,应向宾客复诵,并请预订宾客签名。
(4)礼貌道别。

2. 宴会预订的落实

(1)填写宴会活动记录簿;
(2)签订宴会合同;
(3)收取定金;
(4)建立宴会预订档案。

(5) 宴会预订的更改或取消；

(6) 跟踪查询；

(7) 确认和通知；

(8) 督促检查；

(9) 信息反馈并致谢。

四、宴前组织准备工作

(一) 掌握宴会情况

1. 宴会的基本情况

(1) 宴会的时间和地点；

(2) 宴会的人数、桌数及宾主身份、姓名等；

(3) 宴会厅布置要求；

(4) 宴会标准及付款方式；

(5) 菜点、酒水情况；

(6) 服务人员的分工；

(7) 宾客的特殊要求和禁忌；

(8) 宴会举办者的其他要求；等等。

2. 菜单情况

(1) 菜点名称和出菜顺序；

(2) 菜点的原料构成和制作方法；

(3) 菜点所跟调配料及服务方法；

(4) 菜点的口味特点和典故传说；等等。

3. 服务要求

(1) 摆台及台面布置要求；

(2) 迎领服务要求；

(3) 酒水服务要求；

(4) 菜肴服务要求；

(5) 撤换餐用具的要求；

(6) 结账送客要求；

(7) 主桌服务要求；等等。

(二) 宴会厅布置

(1) 根据宴会的目的、性质和举办者的要求，在厅堂的上方悬挂会标，如"庆祝××公司成立"、"欢迎××代表团"等。

(2)在宴会厅四周摆放盆景花草以突出或渲染宴会隆重而热烈的气氛。

(3)如是国宴,应悬挂两国国旗。

(4)如是一般的婚宴或寿宴等,则在宴会厅的醒目位置(一般是主桌后的墙壁上)挂上"喜"字或"寿"字,也可根据宾客要求挂贴对联等。

(5)如举办者要求,应在主桌右后侧设置致辞台,台面铺台布,台侧围桌裙,台面用盆景、鲜花装饰,上放两个麦克风,以便宾主致辞。

(6)宴会厅的温湿度应控制在规定的范围内,大型宴会更应注意,以防人多、菜热引起室温的突然升高。

(7)宴会中如安排有乐队伴奏或文艺演出,有舞台的要利用舞台,无舞台的应设计安排出乐队或演出需占用的场地。

(三)台型设计

宴会的台型应根据宴会的桌数、宴会厅的面积和形状以及举办者的要求灵活设计。中餐宴会一般采取"中心第一、先右后左、高近低远"的原则,要求突出主桌、统一规格、布局合理。中餐宴会台型布局见图4-1、图4-2。

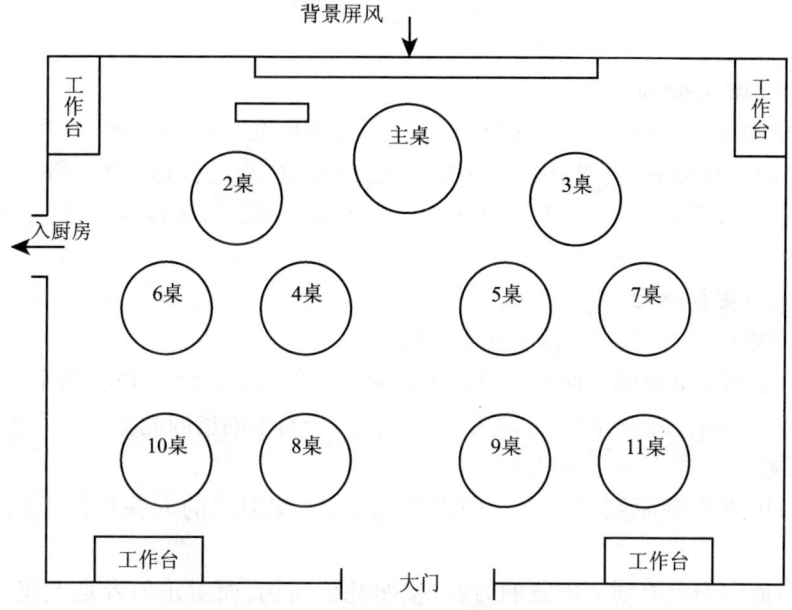

图4-1 中餐宴会台型布局

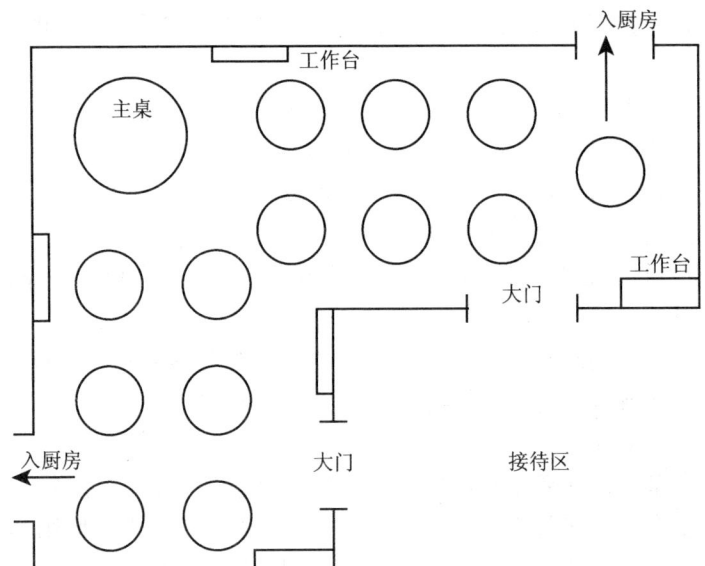

图 4-2　中餐宴会台型布局

（四）席位安排

席位安排是指根据宾、主的身份、地位来安排每位宾客的座位。在进行席位安排时，必须与宴会举办者联络，了解其要求，并遵循"高近低远"的原则。"高近低远"中的"高低"是指宾客的身份和地位，而"近远"则是指宾客与正、副主人（或主桌）的距离。

1. 席位安排原则

排列席位时，可以遵循以下四个原则：

（1）右高左低原则。两人一同并排就座，通常以右为上座，以左为下座。这是因为中餐上菜时多以顺时针方向为上菜方向。居右坐的也因此要比居左坐的优先受到照顾。

（2）中座为尊原则。三人一同就座用餐，坐在中间的人在位次上高于两侧的人。

（3）面门为上原则。用餐的时候，按照礼仪惯例，面对正门者是上座，背对正门者是下座。

（4）特殊原则。高档餐厅里，室内外往往有优美的景致或高雅的演出，供用餐者欣赏。这时候，观赏角度最好的座位是上座。

2. 以 10 人正式宴会座次安排为例

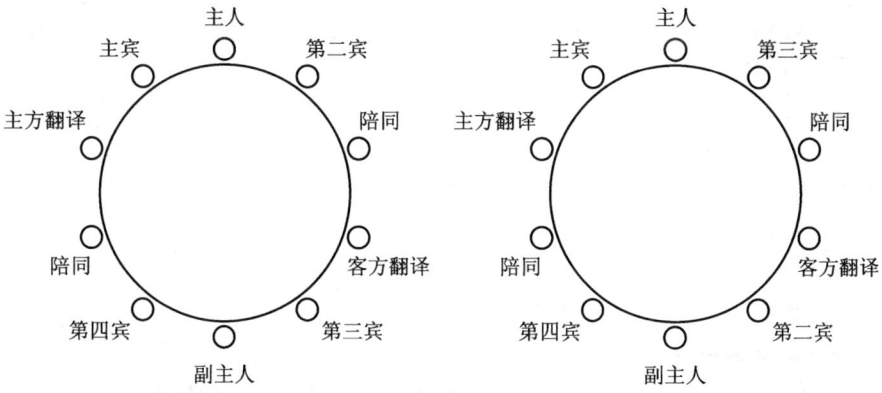

图 4-3 10 人正式宴会座次安排

3. 以婚宴、寿宴座次安排为例

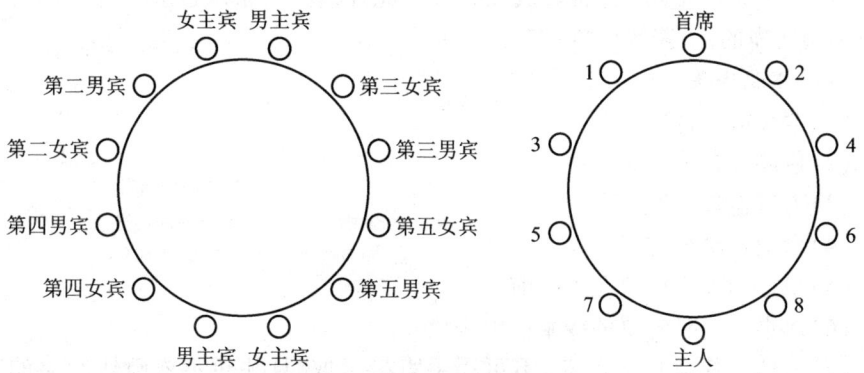

图 4-4 婚宴、寿宴座次安排

4. 以大型中餐宴会座次安排为例

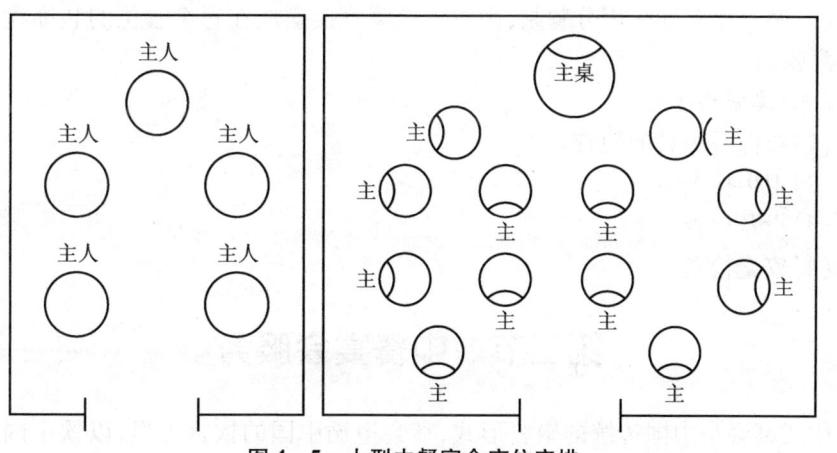

图 4-5 大型中餐宴会座位安排

(五)物品准备

(1)餐具。

(2)玻璃杯。

(3)金属餐具。

(4)棉织品。

(5)用具。

(6)其他。

(六)摆台

按标准要求摆台。

(七)备酒类饮料

宴会所需的酒类饮料必须事先从仓库领出,清洁瓶(罐)身或外包装。饮料应事先冰镇。在开宴前半小时左右,服务员应擦净瓶(罐)身,将酒水整齐地码放在工作台上,并将开瓶器具也备好放在旁边。此外,香烟、茶水也应备好。同时还应准备宴会所需的汁、酱等调料。

(八)摆放冷菜

(1)荤素搭配合理。

(2)色调分布美观。

(3)刀口逆顺一致。

(4)盘间距离均匀。

(5)最好的冷菜摆放在主位前。

(6)多桌宴会时各桌的冷菜摆放应统一。

(7)应使用托盘摆放冷菜,不可用手直接拿取,且注意不要破坏冷菜的艺术造型。

(8)宴会如使用转台,应将冷菜摆放在转台上。

(9)宴会冷菜如采用分餐制,则应将冷菜直接摆放在每个餐位的装饰盘上,但要注意朝向。

(九)宴前检查

(1)桌面餐用具的检查。

(2)卫生检查。

(3)设备检查。

(4)安全检查。

第二节 中餐宴会服务

中式宴会是中国传统的聚餐形式,宴会遵循中国的饮食习惯,以饮中国酒、摆中式台面、用中国餐具、吃中国菜肴、遵从中国习俗、行中国传统礼仪为主,其装饰布局及服务等无不体现中国的饮食文化特色。我国古代著名的宴会有乡饮酒礼、百官宴、大婚宴、千叟宴、定鼎宴等。中国传统宴会目前在宴会经营中占90%以上。

一、中式宴会的发展史

中国宴会大约出现在4000多年以前。早期农业的发展和烹调技术的草创,是其诞生的物质基础;新石器时代晚期的祭祀、礼俗、宫室和起居,则是其问世的先决条件。原始社会末期和奴隶社会初期,我国的早期农业已有一定的基础,中华饮食文明也从生食、热食进入烹饪阶段。宴会诞生的物质技术条件就基本上成熟了,先民便有可能出于某种目的将一些食品汇集起来进行简单的聚餐。当时设宴主要目的有祭祀、礼俗、宫室、起居。

(一)先秦时期

根据《周礼》、《礼记》等书的追记,虞舜时期已出现"燕礼"。这是一种敬老宴。进入夏朝,敬老之风尚存,还增添了"飨礼"。殷商时期,筵宴在祭神活动中得到发展。进入春秋,礼崩乐坏,士大夫也敢"味列九鼎",席面的限制不那么严格了。这时候诸侯有筑台宴乐的风气,宴会常是通宵达旦。

(二)秦、汉、魏、晋、南北朝时期

秦朝时间虽不长,筵宴也有发展,特别是咸阳和巴蜀,民间的婚寿喜庆酒宴都操办得较为隆重。汉初,宴饮较为简单,后来国力殷实,宴乐又蓬勃兴起,并且注重规范。魏晋时代,以晋武帝为首的西晋士族集团生活奢华,甚至有"食必尽四方珍美,一日之供,以钱二万"者。到了南北朝,筵宴的演变出现三大特点。第一,有了类似矮桌的条案,改善了就餐环境与卫生条件;第二,筵宴的名目增多;第三,随着佛教的流行,京畿地区和江南孕育出早期的素宴,充实了中国筵宴的内容,使得中国宴饮习俗日益丰富多彩。

(三)隋、唐、五代、宋、金、元时期

隋朝仅有两代,酒筵承上启下,只留下"云中宴"、"湖上宴"、"龙舟宴"等少数席单,反映出隋炀帝骄奢淫逸的生活,在筵宴史上是一个过渡阶段。唐及五代,由于封建经济飞速发展,科学文化相当发达,对外交往频繁,国力空前强盛,筵宴的发展进入了一个全新的时期,主要特点为:

(1)出现高足桌和靠背椅,铺桌帷,垫椅单,开始使用细瓷餐具。

(2)讲究借景为用,妙趣天成。注重情感愉悦和心理调适,追求一种高雅的格调。

(3)唐中宗时出现大臣拜官后向皇帝进献"烧尾宴"的惯例,这种贡宴菜品多达五六十道,为宋、清两代超级大宴的调排奠定了基础。

(4)筵宴用料已从山珍扩大到海味,由畜禽拓展到异物,菜肴花式推陈出新,

烹调工艺品日益精细。

(5) 乡土风味筵宴层出不穷。

(6) 孕育在春秋、演化在汉魏的酒令,在此时发展很快,使得筵宴的气氛更为欢悦。

(四) 明清时期

筵宴发展到明清时期已日趋成熟,从以下四个方面展示出中国封建社会晚期的饮食民俗和文化风情。

(1) 餐室布置富丽堂皇,进餐环境雅致舒适。

(2) 筵宴设计注重套路、气势。

(3) 各式全席脱颖而出,制作追求精美。

(4) 少数民族的酒筵蓬勃发展,各自展现不同的民族礼俗和风情。

二、中餐宴会服务规程

(一) 对工作人员的要求

1. 仪容仪表

容貌端正,举止大方;端庄稳重,不卑不亢;态度和蔼,待人诚恳;服饰庄重,整洁挺括;打扮得体,淡妆素抹;训练有素,言行恰当。

2. 瞬间服务

做好瞬间服务,就是在客人与服务人员互相接触的有效时间内,由服务人员在每一个瞬间提供给客人的是一种规范的、个性的、卓越的服务,而这种短时间内,在客人内心深处制造心动的服务,就称之为瞬间服务。做出瞬间服务需具备以下素质:

(1) 敏锐的洞察力。

一名优秀的服务人员,首先会用敏锐的眼光去观察,也就是我们常说的看出门道。心理学实验表明,人们视线互相接触的时间通常占交流时间的30%~60%。如果超过60%则表示彼此对对方的兴趣可能大于交谈的话题;低于30%,表明对对方或谈话没有兴趣。

除双方关系十分密切的情况外,交往中一般连续注视对方的时间在12秒内。"眼睛是心灵的窗户",因此,我们要在与客人眼神交流的瞬间,去洞察其内心世界。虽然可能只有一到两秒钟的时间,但我们也要在这瞬间捕捉客人的外表、言谈、举止特征,通过观察、辨别和推断,揣摩出客人的心理,推断出客人希望得到的服务。

例如当服务人员看到客人做掏烟的动作时,要在最短的时间内做出反应,站在客人附近准备好火机,当客人叼烟的同时为客人点烟,从火机的开启到熄灭这一过程就是服务人员一个完整的瞬间服务。

(2) 迅捷的行动力。

当我们经过观察、分析、推断之后,就要在脑海中得到有关下一步服务的答案,并在最短的时间内,用迅捷的行动,去完成下一个瞬间服务。

例如,一名客房服务人员在电梯间工作,从听到客人关房门声,再到客人进入电梯至关门的过程,要做到以下几点:

①用标准的站姿,关注客人,与客人目光交流的同时面带微笑点头示意;
②用标准的走姿迅速走到电梯前按键附近,面对客人;
③当客人距离3米内时,再次微笑致意,并用得体的语言问候客人;
④询问客人是上楼还是下楼;
⑤客人确认之后,迅速做出按键选择,等待电梯;
⑥电梯到达后,用标准的电梯礼请客人进入电梯;
⑦在电梯关门瞬间要与客人目光交流,微笑道别。

整个过程可能不到一分钟,但这一服务过程是由七个服务瞬间组成的。而这七个服务瞬间的顺利进行都离不开服务员的细心观察、推断,而迅捷的行动,就是瞬间服务的关键,从而给客人留下美好的印象,使客人因享受讯捷、细致的服务而感到愉悦。

(3)广博的知识面。

广博的知识面是做好瞬间服务的基础。当客人在用餐过程中询问服务人员当地风土人情、旅游、交通等方面的信息时,我们要一一给予准确的答复,令其满意。但答复时应注意遵守法律法规,不能有损国家利益、社会稳定。

(二)餐前准备工作

1. 掌握情况

接到宴会通知单后,餐厅管理人员和服务员应做到"八知"、"三了解"。

(1)"八知":即知台数、知人数、知宴会标准、知开餐时间、知菜式品种及出菜顺序、知单位或房号、知收费标准、知邀请对象。

(2)"三了解":即了解客人风俗习惯、了解宾客生活忌讳、了解宾客特殊需求,若有外国宾客还应了解国籍、宗教、信仰、禁忌和口味特点。

2. 明确分工

一般由餐饮部经理或宴会经理,在准备阶段向服务人员交代任务、讲意义、提要求、宣布人员分工及服务注意事项。重要宴会还要事先演练路线、方位、站位等。

3. 宴会布置

按宴会预订,进行宴会场景布置。

4. 熟悉餐单

应做到能准确介绍每道菜的名称、风味特色、配菜和配食佐料以及制作方法,能准确服务每道菜。

5. 物品准备

根据宴会通知单的要求,准备好各式服务用具;备好菜肴应跟的佐料;备好鲜花、香烟、水果等物品。

6. 铺设餐台

宴会开始前 1 小时,按宴会通知单上的具体要求摆好台。在副主人位的桌边,面向宴会厅入口摆正席卡,在每个餐位的水杯前放席卡。

7. 摆放冷盘

在大型宴会开始前 15 分钟左右摆上冷盘。上冷盘的要求:荤素搭配,盘与盘之间间距相等,颜色搭配巧妙;所有冷菜的点缀花垂直冲向转盘边缘然后斟预备酒。中小型宴会则视宾客情况而定。

8. 全面检查

准备工作全部就绪后,宴会管理人员要做一次全面的检查,以确保宴会能正常进行。

(三) 宴会迎宾

1. 热情迎宾

根据宴会入场时间,宴会主管人员和迎宾员提前在宴会厅门口迎候宾客,值台服务员站在各自负责的餐桌旁准备为宾客服务。宾客到达时,要热情迎接、礼貌问好。回答宾客问题和引领宾客时要注意用敬语,做到态度和蔼、语言亲切。

2. 接挂衣帽

规模较大的宴会,则需设衣柜间存放宾客衣帽。规模较小的宴会,一般不设衣帽间,只在宴会厅门前放置衣帽架,安排服务员照顾宾客宽衣并接挂衣帽。接挂衣服时,应提衣领,切勿倒提,以防止衣袋内的物品倒出。贵重衣服要用衣架,以防止衣服走样。重要宾客的衣物,要凭记忆进行准确的服务。贵重物品请宾客自己保管。

3. 端茶递巾

待宾客脱去衣帽,将宾客引入休息厅。服务员应招呼宾客入席并根据接待要求递上香巾、热茶或酒水饮料。递巾送茶服务均按先宾后主、先女士后男士次序进行。主人表示可以入席时,引领宾客入席。

(四) 就餐服务 (席间服务)

1. 入席服务

值台服务员在开宴前 5 分钟斟好红葡萄酒,站在各自服务的餐台旁等候宾客入席。当客人来到席前时,要面带笑容,拉椅让座。待宾客坐定后,即把台号、席位卡、花瓶或花盆拿走,餐单放在主人面前,然后给宾客送毛巾、铺餐巾、撤筷套、上菜,根据宾客的要求斟酒或斟软饮料。

毛巾递送技巧:

(1) 将卷好的毛巾整齐地放在一个服务碟中,配上毛巾夹或是分餐叉勺。

(2) 用左手托住服务碟。

(3)从客人右边递送毛巾。
(4)用右手拿毛巾或是分餐叉勺,夹住毛巾的边角,这样在递送到客人面前时毛巾就会自动打开。
(5)按逆时针方向顺次服务,最后给主人。
(6)将服务碟放在餐桌的中央,这样客人可以将擦后的毛巾放在服务碟中。
(7)在客人放回毛巾后,将服务碟从餐桌上撤走。

2. 斟酒服务

为宾客斟酒水时,要事先征求宾客意见,根据宾客的要求倒各自喜欢的酒水饮料。如宾客提出不要,应将宾客位前的空杯撤走。酒水要勤斟,宾客杯中酒水剩余1/3时应及时添酒,斟时注意不要弄错酒水。宾客干杯和相互敬酒时,应迅速拿酒瓶到餐桌前准备添酒。主人和主宾讲话前,要注意观察宾客杯中的酒水是否已满上。在宾主离席讲话时,主宾席的值台服务员要立即斟上甜酒或白酒各二杯放在托盘中,并托好站在演讲台一侧等候,以备举杯祝酒。当主人或主宾到各台面敬酒时,值台服务员要准备酒瓶跟随并准备添酒。宾客要求斟满杯时,应斟满杯酒。

3. 上菜服务

菜要一道道趁热上。厨房出菜时一定要在菜盘上加盖,菜上桌后取走盖子。多台宴会的上菜要看主桌的上菜情况或听指挥,做到行动统一,以免造成早上或迟上、多上或少上现象。宴会可根据具体情况、根据宾客意愿适时给宾客分派汤菜,可采用桌上分让式、旁桌分让式或二人合作式。大型宴会由餐厅统一规定采用何种方式,可显示出整个宴会气氛的一致性和服务人员的训练有素,小型宴会则可交替使用。

4. 撤换餐具

为显示宴会服务品质的优良和菜肴的名贵、突出菜肴的风味特色、保持桌面卫生雅致,在宴会进行的过程中,需要多次撤换餐具或小汤碗。重要宴会要求每道菜换一次餐碟,一般宴会的换餐碟次数不得少于三次。

(1)在用餐过程中,通常下列情况需撤换餐具。
①凡是装过鱼腥味食物的骨碟。
②凡是吃过甜菜、甜点、甜汤之后的汤碗。
③食用风味独特、调味特别的菜肴前。
④食用汁芡各异、味道有别的菜肴时。
⑤碗碟中洒落酒水、饮料时。
⑥骨碟中残渣过多时。

(2)餐盘撤换时机。
①客人在用完冷菜之后,餐厅准备上热菜之前。

②荤菜与素菜交替食用之时。
③上甜点与水果之前。
④客人吃过汤汁较为浓厚的菜后。

(3) 撤换餐盘操作要求。

①撤换餐盘时应注意礼貌,站在客人的右侧用右手将餐盘撤回放到托盘中。

②撤盘时不拖曳,不能当着客人的面刮擦脏盘,不能将汤水及菜洒到客人身上。

③如果客人还要食用餐盘中的菜,餐厅员工应将餐盘留下或在征得客人的同意后将菜并到另一个餐盘中。

④撤盘时,应将吃剩的菜或汤在客人右边用碗或盘装起来,然后将同品种、同规格的盘按直径由大到小的顺序自下而上摆放整齐。

(4) 撤换烟灰缸。

当烟灰缸内满3个烟蒂时,应该更换烟灰缸。方法是:左手托着盛有干净的烟灰缸的托盘,用右手拿干净的烟灰缸盖在用过的烟灰缸上;将两个烟灰缸同时撤下,放入托盘中,再用右手把干净的烟灰缸放到原来烟灰缸的位置;把脏的烟灰缸立即拿走;及时做好防火安全检查。

5. 结束时服务

宾客用餐完毕后,送上热毛巾,随即收去餐台上不用的餐具,抹净转盘,服务员上餐后水果及甜品。待宾客用完后,撤走水果盘、递上香巾、摆上鲜花,以示宴会结束。

(五) 结束服务

1. 结账准备

上完菜后即可做结账准备。清点所有酒水、香烟、加菜等餐单以外费用并累计总数,送收银处准备账单。如是现金则现收;如是签单或支票转账,应将账单交给宾客或宴会经办人签字后送收银处,及时送财务部入账结算。

2. 拉椅送客

主人宣布宴会结束,值台服务员应提醒宾客带齐随身携带的物品。当宾客起身离座时,要主动为宾客拉开座椅,以方便其离席,并视具体情况目送或陪送宾客至宴会厅门口。如宴会后安排休息,要根据接待要求进行餐后服务。

3. 取递衣服

衣帽间的服务员根据取衣牌号码,及时、准确地将衣帽取递给宾客。

4. 收台检查

在宾客离席的同时,值台服务员要检查桌面上是否有未熄灭的烟头,是否有宾客遗留的物品。在宾客全部离去后立即清理桌面。清理桌面时,按先餐巾、香巾、银器,后酒具、瓷器、刀叉的顺序分类收拾。凡贵重餐具要当场清点。

5. 清理现场

各类开餐用具要按规定位置复位,重新摆放整齐,开餐现场重新布置,恢复原样以备下次使用,待管理人员检查验收合格后方可离开。

6. 征求意见

第二天可由宴会销售人员给宾客发一封"征求意见"函,以征求宾客对本次宴会的餐食质量及服务方面的意见及建议。

三、宴会服务注意事项

(1)宴会服务过程中,如遇宾、主致辞讲话或演奏国歌时停止操作,肃立在工作台两侧。

(2)就餐过程中,如遇客人起身离席,应主动拉椅,并将客人餐巾叠好放在餐位旁。

(3)宴会服务时应注意"三轻",即说话轻、走路轻、操作轻,"四勤",即眼勤、口勤、手勤、脚勤,保证宴会有条不紊地进行。

(4)各岗位服务员之间应分工协作,配合默契,确保宴会的顺利进行。

(5)宴会进行过程中,如有客人不慎将餐具掉落在地上,值台员应及时送上干净餐具,然后收拾掉在地上的餐具。

(6)服务注意节奏,以客人进餐速度为准。

(7)宴会结束后应及时征询客人对宴会的意见和建议,并对宴会服务情况进行总结,总结优点,找出不足,向上级汇报。

四、团体用餐服务

团体用餐服务在我国旅游饭店餐饮接待中占有极其重要的地位,这是由目前客源的组成所决定的。在每年所接待的旅游客人中,旅行团的比例很大,所以,要提高餐饮服务质量,必须重视团体客人的接待。团体用餐服务既与一般餐厅服务接待有相同的地方,又有其特殊性。相同之处,如台面布置和基本服务步骤等。这里就其特殊性作几点说明:

(1)团体用餐的计划性比较强,一般都是事先确定标准、人数、用餐时间等。

(2)要充分了解团体客人的组成、饮食习惯、禁忌和各种特殊要求。

(3)根据旅行路线,掌握旅行前几站的用餐情况,合理调整菜单。

(4)团体用餐可以安排在一个独立的餐厅,或者有所区隔地集中在餐厅的里侧一角。

(5)团体用餐的餐桌应事先根据人数布置好,桌上摆上团体名称卡。

团体用餐的基本步骤和程序是:

(1)客人进入餐厅,礼貌地向客人问好,问清团体名称,核对人数,迅速地引领客人到准备好的餐桌入座,要避免让大批客人围在餐厅门口,影响其他客人。

(2)到达为团队备好的餐桌后,要热情招呼客人入座,为年老和行动不便的客人拉椅让座。

(3)迅速递上香巾,尤其是对游览归来,未来得及进房的团体客人更显重要。

(4)准备茶水,迅速给客人斟茶,根据需要,最好应备有冰茶。

(5)将厨师精心烹饪的菜肴按桌端上,主动向客人介绍当地的特色菜肴,增添愉悦的气氛,解除旅游的疲劳。

(6)为客人分菜、分汤。

第三节 西餐宴会服务

西式宴会是按照西方国家的礼仪习俗举办的宴会。其特点是遵循西方的饮食习惯,采取分食制,以西菜为主,用西式餐具,行西方礼节,遵从西方习俗,讲究酒水与菜肴的搭配,布局、台面布置和服务都有鲜明的西方特色,突出西方民族文化传统。由于举办宴会的目的、宴请的对象、人数的不同,西式宴会的形式也有所不同,目前采用的形式主要有:正式宴会、冷餐酒会和鸡尾酒会。

一、西餐宴前准备工作

(一)掌握宴会情况

宴会前,各岗位服务员应详细了解宴会的人数、标准、台形设计、宾主身份、举办单位或个人、付款方式、特殊要求、菜单内容和服务要求等,具体内容与中餐宴会服务大致相同。

(二)宴会厅布置

根据宴会通知单的要求布置餐厅,摆出台形,铺上台布,按列出的菜单摆放刀、叉餐具,餐具摆放松紧得当、规格统一,按通知单的酒水要求摆放相应的酒水杯,台面中央放插花、烛台、胡椒盅、盐盅、牙签盅(三至四人一套)。

准备工作台,临时工作台根据人数、菜肴来准备。通常在工作台上备有咖啡具、茶具、冰水壶、托盘、干净的烟灰缸,服务用刀、叉、勺等。准备间则准备面包篮、新鲜面包、黄油、酒水等。

（三）台形设计

(1)"一"字形长台。

(2)"U"字形台。

(3)"E"字形台。

(4)正方形台。

（四）席位安排

西餐宴会的席位安排也应遵循"高近低远"的原则。主人大都坐在餐台中央，主宾在主人右侧，他们面对其他来宾而坐，其他来宾距主人越近，则表示其身份地位越高。

（五）准备餐酒用具

(1)不锈钢类。

(2)瓷器类。

(3)杯具。

(4)棉织品类。

(5)用具类。

（六）摆台

按西餐宴会标准要求摆台(见图4-6、图4-7)。

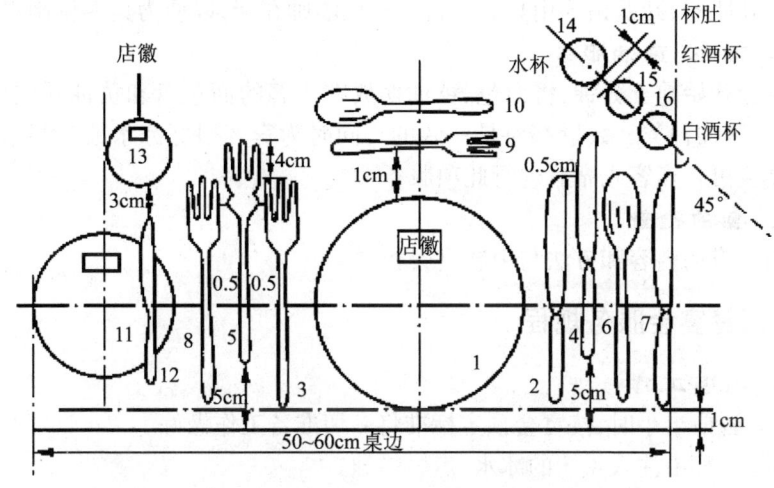

1—装饰碟 2—正餐刀 3—正餐叉 4—鱼刀 5—鱼叉 6—汤匙
7—开胃品刀 8—开胃品叉 9—甜品叉 10—甜品匙 11—面包盘
12—黄油刀 13—黄油盘 14—水杯 15—红葡萄酒杯 16—白葡萄酒杯

图4-6 西餐宴会摆台平面示意图

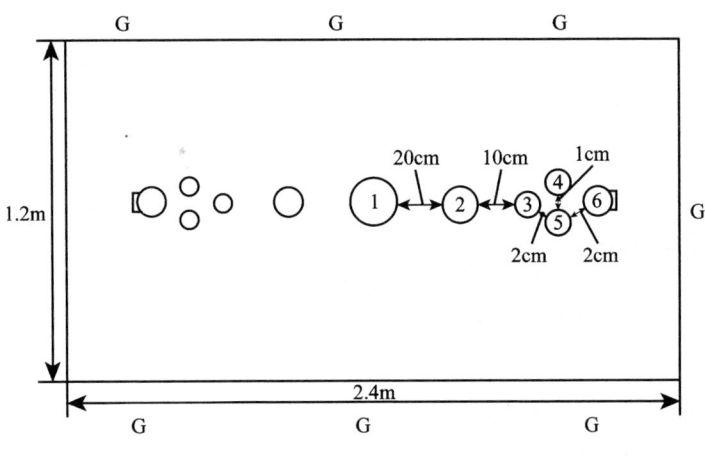

1—插花　2—烛台　3—牙签桶　4、5—盐和胡椒瓶　6—烟缸和火柴

图4-7　西餐宴会附加用具摆放示意图

(七) 准备酒类饮料

一般应在休息室或宴会厅一侧设置吧台(或固定或临时)。吧台内备齐本次宴会所需的各种酒类饮料和调酒用具,并根据酒水的供应温度提前降温,并备好酒篮、冰桶、开瓶器、开塞钻等用具。吧台应有调酒师在岗,以便为宾客调制鸡尾酒。

(八) 面包、黄油服务

在宴会开始前五分钟,将面包、黄油摆放在宾客的面包盘和黄油碟内,所有宾客的面包、黄油种类和数量都应是一致的。同时为宾客斟好冰水或矿泉水。单桌或小型宴会可在宾客入席后进行此项服务。

(九) 宴前检查

宴前检查的内容和方法与中餐宴会相同。

二、西餐宴会服务规程

(一) 准备工作

(1) 开餐前半小时,按宴会预定标准将一切准备工作做好。
(2) 往水杯中注入4/5的冰水,点燃蜡烛。
(3) 面包要放在面包篮里摆在桌上,黄油要放在黄油碟里。
(4) 将餐厅门打开,迎宾员站在门口迎接宾客。
(5) 服务员面向门,站在桌旁迎接宾客。

(二) 休息室餐前鸡尾酒服务

在宴会开始前半小时或15分钟,通常在宴会厅门口,为先到的宾客提供鸡尾酒会式的酒水服务。由服务员托盘端上饮料、鸡尾酒,巡回走动请宾客选用,茶几或小圆桌上备有虾片、干果仁等小吃。待主宾到达宴会开始时,请宾客入宴会厅。通知厨房,宴会正式开始。

(三) 迎领服务

宾客进来要向宾客问好,为宾客拉椅、送椅。宾客坐下后从右侧为宾客铺上餐巾。

(四) 斟酒服务

在为宾客斟酒前,要先打开瓶盖把酒倒出少许,先让主人试酒,经允许后再为其他宾客斟酒,女士优先,最后给主人斟酒,并征询是否需要其他酒品。

(五) 席间服务

西餐宴会多采用美式服务,有时也采用俄式服务。上菜顺序依次是冷开胃品、汤、鱼类、副盘、主菜、甜食水果、咖啡或茶。

(1) 从宾客的右侧为宾客上菜。

(2) 先给女宾和主宾上菜。

(3) 按菜单顺序撤盘上菜。每上一道菜前,应先将用完的前一道菜的餐具撤下。服务员要留意常用的宾客对撤盘的示意方法。如果将刀叉并拢(见图4-9)放在餐盘左边或右边或横于餐盘上方,是表示不再吃了,可以撤盘;如果将刀叉呈"八"字形(图4-8)搭放在餐盘的两边,则表示暂时不需撤盘。西餐宴会要求等所有宾客都吃完一道菜后才一起撤盘。

图4-8 刀叉呈"八"字形图　　　图4-9 刀叉并拢

(4) 上甜点水果之前撤下桌上除酒杯以外的餐具,即主菜餐具、面包碟、黄油盅、胡椒盅、盐盅,换上干净的烟灰缸,摆好甜品叉匙。

(5) 水果要摆在水果盘里,跟上洗手盅,水果刀、叉。

(6) 上咖啡或茶前放好糖缸、淡奶壶,每位宾客右手边放咖啡或茶具,然后拿咖啡壶或茶壶依次斟上。

有些高档宴会需推酒水车问送餐后酒和雪茄。

(六) 结账服务

宴会接近尾声时,清点所用的饮料,如果收费标准不包括饮料费用则要立即开出所耗用的饮料订单,交收款员算出总额。宴会结束时,宴请的主人或助手负责结账,一般不签单,而收取现金、支票或信用卡。

(七) 宴会结束工作

当宾客起身离座时,应为其拉椅;检查是否有遗留物品,送宾客至宴会厅门口。检查台面是否有未熄灭的烟头。收台时,先收餐巾,后用托盘或手推车收餐具;撤掉台布。了解下餐宴会情况,在下班前准备下一餐宴会的餐桌摆台;领班记录宴会完成情况。

(八) 宴会后的总结提高

(1) 每次宴会结束后都应总结本次宴会的成功经验,然后加以推广。
(2) 在总结成功经验的同时,找出本次宴会服务的不足,分析产生问题的原因,提出解决办法,以便在下次宴会中改进。

三、西餐服务注意事项

(1) 服务过程中应遵循先宾后主、女士优先的服务原则。
(2) 在上每一道菜之前,应先撤去上一道菜肴的餐具,斟好相应的酒水,再上菜。
(3) 如餐桌上的餐具已用完,应先摆好相应的餐用具,再上菜。
(4) 在撤餐具时,动作要轻稳。西餐撤盘一般是徒手操作,所以一次不应拿得太多,以免失手摔破。
(5) 宴会厅全场撤盘、上菜应一致,多桌时以主桌为准。
(6) 其他的注意事项与中餐宴会服务基本相同。

第四节　其他类型宴会服务

宴请是国际交往中最常见的交际形式。目前各国礼宾工作都在简化,宴请范围趋向缩小,形式也更为简便。酒会、冷餐会宴会被广泛采用。一般来说,宴请正式、规格高、人数少的以宴会为宜,人数多则以冷餐宴或酒会更为合适。在这方面,我国也在进行改革,提倡多举办冷餐会宴会和酒会以代替宴会。

一、冷餐会宴会服务

冷餐酒会(英文为 Buffet Party)是目前饭店中较为流行的一种宴会形式,因其气氛热烈、交流广泛、进餐自由而深受客人的欢迎。

冷餐会宴会菜肴以冷食为主,有时也备有一定数量的热菜。冷餐会宴会要准备餐桌,餐桌上同时摆放着各种餐具,菜肴、饮料集中放在大餐桌上。宾、主根据个人需要,各自取餐具后选取食物。宾、主可多次取食,可以自由走动,任意选择座位,也可站着与别人边谈边用餐。可不设座椅,站立用餐,也可设少量小桌、椅子让需要者就座。冷餐会宴会上供应的酒水一般单独集中在一处,宾、主既可自己上前选用,也可由服务员托盘送上。冷餐会宴会举行的地点可在室内,也可在室外花园里。举办的时间通常在中午12时至下午2时,下午5时至7时左右。这种宴请形式适宜招待人数众多的宾客。

(一)冷餐酒会按进餐形式分类

(1)立式冷餐酒会。

(2)坐式冷餐酒会。

(3)混合式冷餐酒会。

(二)冷餐酒会的准备工作

1. 餐台设计

冷餐酒会的进餐方式主要是由客人从陈列好的餐台上自取食物,所以餐台的设计非常重要。

餐台设计应根据客人人数及宴会厅的面积与形状灵活而定,一般有正方形、圆形、"一"字形、"T"形等多种形式。人数多的冷餐酒会应分设冷菜台、热菜台、甜点台等,既方便客人取食,又可使客人分流。

2. 吧台设计

冷餐酒会必须设置吧台,吧台数量应视客人人数而定,一般是每100位客人设置一个吧台。吧台位置一般在宴会厅靠门口的一侧。

3. 致辞台和签到台

致辞台一般设在靠墙边的中央位置,以便能环视整个宴会厅。设置要求与宴会相同。

签到台一般设在宴会厅门外一侧,应根据主办单位要求备好签到簿和笔。

4. 准备餐用具

主要有餐盘、餐刀、餐叉、汤匙、面包盘、黄油刀、筷子、餐巾、托盘、盐盅、胡椒盅、牙签筒等。

5. 餐桌椅的准备

6. 陈列菜点

冷餐酒会开始前,传菜员与餐台服务员应将大部分菜点分类在餐台上陈列完毕。部分主菜和热菜可在客人进入宴会厅后再摆上。应注意热菜、汤等的保温。酒会菜点一般较为丰盛,既有中菜中点,也有西菜西点。

同时也应将餐盘、刀叉、汤匙、筷子等餐具陈列在餐台上(数量应比来宾人数略多),另外,取菜用的服务叉、匙等也应放好,以便客人取食。

7. 斟倒酒水

吧台调酒师应在酒会前十分钟斟好酒水,数量应比来宾人数略多,以便客人进入宴会厅后能每人有一杯酒水,斟好的酒水杯应呈方形整齐地分类排列在吧台上。

8. 其他准备

主要为准备好衣帽间,打开所有灯光,播放背景音乐,调试好麦克风,控制好宴会厅室温,检查个人仪表仪容等,并各就各位,面带微笑、精神饱满地恭候客人的到来。

(三)冷餐酒会的服务规程

1. 迎领员

(1)客人来到宴会厅门口,应主动上前热情欢迎并礼貌问候。

(2)礼貌地请客人签到。必要时查验请柬或入场券。

(3)以手示意请客人进入宴会厅。

(4)统计、记录客人人数,并及时通知厨房和账台。

(5)酒会结束时与客人礼貌道别。

(6)如有需要,接挂衣帽。

2. 吧台调酒师

(1)在酒会开始前倒好第一轮酒水。因酒会刚开始的十分钟,所有参加酒会的客人都会取用酒水,所以调酒师应将斟好的酒水迅速递送给客人和酒水服务员。

(2)酒会开始十分钟后应及时按客人人数摆好第二轮酒杯,并迅速倒好酒水。

(3)酒会过程中应根据客人饮用喜好补充酒水与酒杯,并及时将用过的脏酒杯送去清洗、消毒。

(4)倒好的酒水应在吧台上分类、整齐地排列好,一般排成正方形或长方形。

(5)酒会结束前的十分钟也是酒水消费的高潮,应保证供应。

(6)及时统计酒类、饮料的消耗,以便酒会结束时准确地结账。

3. 酒水服务员

(1)客人进入宴会厅时,应用托盘托送各种酒水请客人取用(同时提供餐巾纸),以减轻吧台的压力。

(2)在客人用餐过程中应不断地托送酒水巡回在宴会厅各处。

(3)将宴会厅各处用过的脏酒杯及时送至洗杯处清洗、消毒。

(4)协助吧台调酒师做好其他酒水服务工作。

4. 餐台服务员

(1)酒会开始后,客人来到餐台前时应主动提供餐盘并协助客人取菜。

(2)及时补充餐盘、刀叉等餐具,以便客人取食。

(3)随时回答客人有关菜点的询问,为客人分派主菜。

(4)及时清洁或更换取菜用的公用叉、匙。

(5)适时整理菜点,保持菜肴的美观。

(6)注意热菜的保温,添加燃料(一般是固体酒精)时注意安全。

5. 餐桌服务员

(1)如是坐式酒会,则按宴会服务要求为客人提供服务。

(2)如是立式酒会,则巡回宴会厅各处,随时撤走客人用过的脏餐具。

(3)保持宴会厅的卫生,如有脏物,随时清理。

(4)如有不方便或不习惯自取食物的客人,应主动根据客人喜好为其取送菜点。

6. 传菜员

(1)根据菜单顺序和上级安排将菜点从厨房传送至宴会厅的餐台,协助餐台服务员摆好。

(2)随时撤走客人用过的脏餐具至洗碗间清洗、消毒。

(3)根据需要,及时为餐台和吧台补充洁净的餐酒具。

(4)协调宴会厅与厨房的关系,及时补充菜点。并将客人对菜点的意见及时反馈给厨房。

7. 收款员

(1)根据宴会预订单的客人人数计算菜点费用。如超过预订人数,则按实际人数计费。

(2)根据吧台所报酒类饮料的消耗数量计算酒水费用。

(3)根据规定计算其他费用,如场地费、鲜花费等。

(4)及时、准确地汇总账单,以便结账。

(5)按中西餐宴会要求提供结账收款服务。

(四)注意事项

(1)酒会结束时,所有服务人员应列队送客。

(2)酒会进行过程中,各岗位服务员应密切配合,如某岗位特别繁忙时,其他岗位服务员应及时、主动地给予协助。

(3)酒会进行过程中,应坚守自己的岗位,不要闲聊,以免冷落客人。

(4)酒会结束后,应将食物及时撤送至厨房处理,一般不提供"打包"服务。

(5)在服务过程中,应谨慎小心,防止与过往客人碰撞,如需打扰客人,应先致歉。

(6)冷餐酒会的结束工作与中西餐宴会大致相同,应特别注意各岗位服务员之间的团结协作,以便共同把宴会厅整理好。

二、鸡尾酒会服务

鸡尾酒会(英文为 Cocktail Party)是较流行的社交、聚会的宴请方式。举办鸡尾酒会简单而实用,热闹、欢愉且又适合于不同场合。场合无论隆重、严肃或不拘礼节均可采用。它不需要豪华设备,可以在任何时候举行,与会者不分高低贵贱,气氛热烈而不拘束。从酒会主题来看,多为欢聚、庆祝、纪念、告别、开业典礼等。应用广泛而深受客人(特别是欧美客人)欢迎。

鸡尾酒会一般不设座,只准备临时吧台、食台,在餐厅四周设小圆桌,桌上放置纸餐巾、烟灰缸、牙签等物品。鸡尾酒会以供应各种酒水为主,也提供简单的小吃、点心和少量的热菜。

(一)酒会前的准备工作

1. 宴会厅的设计

(1)搞好宴会厅的清洁卫生。

(2)根据宴请通知单的具体细节要求摆放台型、桌椅,准备所需各种设备物品,如立式麦克风、横幅等。

2. 吧台设计

鸡尾酒会的吧台设计与冷餐酒会大致相同。区别一是吧台数量,鸡尾酒会一般是每50位客人设置一个吧台;二是酒水数量,鸡尾酒会一般按每人每小时3.5杯左右的标准准备酒水数量(每杯220~280mL左右)以及足够数量的玻璃杯具等。

3. 食品台

将足够数量(一般是到席人数的三倍数量)的甜品盘、小叉、小勺放在食品台的一端或两端,中间陈列小吃、菜肴。高级鸡尾酒会还准备肉车为宾客切割牛柳、火腿等。

4. 摆放餐桌

在宴会厅内摆放数量适宜的小型餐桌(方桌或圆桌),应注意餐桌之间的距离要合适,以便客人和服务人员走动。同时在宴会厅四周摆放少量座椅,以方便需要者使用。桌上放置花瓶、餐巾纸、烟灰缸、牙签盅等物品,少量椅子靠墙放置。

另外,致辞台、签到台的准备和酒水的斟倒等与冷餐酒会相同。

5. 酒会前分工

宴会厅主管根据酒会规模配备服务人员,一般以一人服务10~15位宾客的比例配备服务员。要有专人负责托送酒水、照管和托送菜点及调配鸡尾酒,提供各种饮料。

(二)酒会中的服务

鸡尾酒会服务过程中各岗位服务员(除餐台服务员)的工作与冷餐酒会基本相同。稍有不同的是鸡尾酒会是在酒会开始后才陆续送上热菜热点,摆放在餐桌上由客人用牙签或点心叉取食(或由餐桌服务员巡回托送)。

鸡尾酒会开始后,每个岗位的服务人员都应尽自己所能为宾客提供尽善尽美的服务。负责托送酒水的服务员,用托盘托送斟好酒水的杯子,自始至终在宾客中巡回,由宾客自己选择托盘上的酒水或另外点订鸡尾酒。服务员负责收回宾客放在小桌上的空杯子、空盘子送至洗涤间,将小桌重新布置。负责点菜的服务员要保证有足够数量的盘碟、勺、叉,帮助老年宾客取食,添加点心菜肴,必要时用托盘托送特色点心,负责回收小桌上的空盘、废牙签、脏纸等,并送往洗涤间。吧台服务员负责斟倒酒水和调配宾客所点鸡尾酒,在收费标准内保证供应。

(三) 酒会的结束工作

(1) 各岗位服务人员热情、礼貌地列队送客。

(2) 收台检查。服务员负责撤掉所有的物品。余下的酒品收回酒吧存放,脏餐具送洗涤间,干净餐具送工作间重新消毒后备用,撤下台布,收起桌裙,为下一餐做好准备。

(3) 整理宴会厅,使其恢复至酒会前的原状。

(四) 注意事项

有些鸡尾酒会不是包价的,其收费方式有两种:一种是记账,最后由主办单位一次付清;另一种是每位宾客点喝一杯,当时付一杯酒水的钱。管理人员在分工时,要向服务员讲明收费方式,如 cash bar 就是零杯卖酒,当场收费。

三、自助餐

自助餐一般是规定好价格,由客人自行购买餐券,或预订或零散就餐。客人进入餐厅时先将餐券交给服务员或餐后结算,由客人随意挑选和端取食物。

(一) 自助餐的特点

菜点丰富、陈列精彩、价格适中、服务简单、不受时间限制。

(二) 自助餐的准备工作

(1) 绝大部分工作在开餐前要准备妥当,如摆位、工作台的补充、放调味品等。

(2) 在餐台周围要有较宽敞的地方以减少客人排队,其次布局要合理,如客人从门外进来,餐台上的刀、匙、碟要合理摆放好。

(3) 对食品质量要求比较高,要统一规格,如排骨的厚薄等,否则客人挑来选去,造成不卫生和不整洁。

(4) 要及时补充食品,但要注意卫生,不要给客人感觉这是剩余食物。

(三) 自助餐待客须知

(1) 当引座员带客人入座时,引座员应帮助拉凳并告知服务员客人实际人数。

(2) 服务员替客人打开席巾,斟冰水或询问客人需要何种酒水。

(3) 写客人人数要看清台号并且经手人要签名。

(4)当客人去取食物时要注意将客人的餐巾折好。

(5)客人取食物回位时,要替客人拉凳。

(6)要不停地替客人斟冰水及换酒杯。

(7)客人食完的餐碟要立即撤走。

(8)当客人去取沙拉或甜品时,要收走大刀、大叉,并将台面上的面包碎渣等用餐巾扫干净,将甜品匙叉分开。

(9)客人用甜品时,要主动问客人是否需要咖啡或茶。

(10)结账时要看清台号,并重复检查一次客人人数是否有误。

(11)结账后要对客人说声"多谢"。

(四)食物台服务员的注意事项

(1)做好餐前的准备工作,准备足够的分羹刀叉、酒精膏。

(2)特别注意食物的保温,尤其是中餐,如汤、饭、面等要保持热度。

(3)食物的花色品种要常更换和翻新,使客人确实感到价廉物美、品种多样。

(4)要及时补充餐具,如大餐碟、甜品碟等。

(5)食物台的分羹刀叉要经常更换,保持干净。

(6)食物台要经常保持干净。

(7)留意餐台上保温炉的水是否足够。

(8)留意酒精膏的火头,注意安全。

(9)自助餐结束之后,要立即通知厨房收回食物台剩下的食物,由厨师处理。

四、外卖服务

许多饭店为了扩大影响,提高声誉,增加经济收益,还为客户提供宴会外卖服务。所谓外卖服务是指饭店派人到宾客驻地或宾客指定地点为其提供宴请服务。此项服务收费比在饭店内高。常见的提供外卖服务的宴会形式有冷餐酒会、鸡尾酒会。如条件具备也可提供西餐宴会外卖服务。

 思考与练习

1. 宴会的种类有哪些?
2. 简述宴会预订的方法。
3. 简述宴会预订程序。
4. 简述宴会席位安排遵循的原则。

附录 综合项目练习

项 目	规 程	常用语言	标 准
1. 问候宾客	(1)三米距离要关注宾客。 (2)二米距离,迎上前微笑、问候宾客。 (3)一米距离,身体微向前倾,点头示意问好。	"××先生/女士(职务),您好(各位好),欢迎光临。"	如有预订,服务员应事先了解将就餐人数、主人的姓氏或职务等相关信息,方便服务员称呼、领位。
2. 拉椅让座	(1)学会辨别主人、主宾。 (2)一般从主宾位开始,其次给年长者或女士拉椅。 (3)双手分别放于椅背两侧,用膝盖抵住椅背,轻轻拉椅,椅背稍转向宾客,待宾客站到餐位前,再将椅子向前推,右手打手势,示意宾客入座。	"××先生/女士请坐。"	(1)如座位不够,视具体情况为宾客加座。 (2)如有小孩,应主动送上儿童椅。 注意以不碰撞宾客为准。
3. 接衣挂帽	协助宾客挂衣,在宾客准备脱外套时就应上前帮助,对喜欢将外套搭在椅背上的人,应提供衣套或用席巾对叠覆盖于衣服上。	(1)"您的衣服我帮您挂在衣架上,可以吗?请问是否有贵重物品?"(包厢) (2)"打扰一下,我给您的衣服套上衣套(盖上席巾)好吗?"	(1)遇有宾客搭在椅背上的衣服过长拖地时,应主动提醒宾客,并挂到衣架上。 (2)帮宾客套衣套时,注意将宾客随身的包也一起套进。
4. 增减餐位	视宾客人数,进行餐位调整,增加不足的餐酒具或撤去多余的餐酒具,操作时均需使用托盘。	"请问你们一共几位?多余的餐位我可以撤掉吗?"	(1)操作时手持餐具边缘部分,且应轻声操作,间距调整均匀。 (2)如有西方宾客,应主动询问是否需要刀、叉。 (3)加位时,要先加椅子,后斟茶水。
5. 问茶	熟记餐厅提供的茶水,征询宾客需求,从右侧上茶。宾客若有其他需求,尽量满足。	"先生/小姐,这是您的茶。""请慢用。"(用手示意)	(1)茶斟八分满。 (2)女士优先,先宾后主。 (3)注意不要将茶水滴落到宾客身上或洒落在台面上。

续表

项 目	规 程	常用语言	标 准
6.上毛巾	消毒毛巾放于毛巾托内,用毛巾篮或托盘,从宾客左侧送上毛巾。	"请用消毒毛巾。"(用手示意)	(1)女士优先,先宾后主。 (2)毛巾的温度控制在45℃以上,以烫手为准。 (3)消毒毛巾,有淡淡的香味,无异味。
7.领客点菜	引领宾客至点菜区域,与点菜人员做好交接,告知其桌(包厢)号、人数,尽可能提供宾客姓名或单位名称。	"这是××单位/先生/女士,在×号包厢就餐,随行有×位,需要点菜。"	服务员要与点菜人员沟通好相关信息,如宾客有特别嗜好也要交代清楚。
8.铺餐巾、撤筷套	(1)站在宾客的右侧。 (2)右手拿起餐巾,将餐巾对角轻轻打开,一角压在骨碟下方。 (3)右手拿起筷子,左手抽出筷套,右手将筷子轻轻放在筷架上,商标朝上。	"不好意思,打扰一下。"	(1)女士优先,先宾后主。 (2)一般情况下,应在宾客右侧为宾客铺口布,右手在前,左手在后。 (3)如宾客正在谈话,要礼貌地道歉后,征得宾客同意,再铺上口布。 (4)如有儿童用餐,要根据家长的要求,帮助儿童铺口布。 (5)抽出筷套,将筷子对整齐,底端离桌边一指距离,动作迅速。
9.上椒圈豉油	(1)站在宾客的右侧。 (2)从主宾位开始,顺时针方向将托盘中备好的椒圈或油碟放于翅碗右边,筷架上方。	"打扰一下。""请慢用。"(用手示意)	(1)如宾客正在谈话,要礼貌地道歉后,征得宾客同意,再上。
10.点酒水/饮料	(1)站在宾客的右侧。 (2)为宾客点酒水。 (3)填写落单。 (4)复诵。	"请问各位今天中餐(晚餐)想喝点什么酒水饮料?" "我们这儿白酒有……红酒有……还有现榨汁……口味也不错,您不妨试一下。"	服务员要全面了解酒水知识,如:价格、品种、酒精度、产地等。对小孩、女士使用积极语言进行鲜榨饮料的推销。推销酒水时应遵循中价位往高价位的原则。

续表

项目	规程	常用语言	标准
11. 上冷菜	(1) 面带微笑,身体微屈。 (2) 左手托托盘,右手上冷菜。	"××(报菜名),请慢用。"(用手示意)	(1) 摆放时注意荤素、色彩、造型的搭配。 (2) 有调料的一律放在冷菜右边,距转盘1.5厘米。 (3) 每上一个冷菜需报一下菜名。 菜盘装饰花一律朝向转盘中心。
\multicolumn{4}{c}{12. 酒水服务}			
加饭酒服务	准备工作: (1) 宾客订好加饭酒,需主动询问宾客有无特殊要求,如是否加热或其他要求。 (2) 如宾客要求加热,从落台中取出酒壶加热。 (3) 将黄酒杯和公杯放在宾客左侧翅碗旁。 展示及加热、斟倒加饭酒: (1) 如需加热,要告诉宾客加热需要的大致时间,请宾客稍候。 (2) 将加饭酒打开,倒入加热壶中,再将酒壶放在卡士炉上加热至有热气时即可(如宾客需要加鸡蛋,则需将酒加热至冒小气泡为止)。 (3) 加热完毕再将酒倒回酒瓶为宾客斟倒。斟倒时,按女士优先、先宾后主的原则依次从宾客右侧斟酒,酒量为八分满。 加饭酒的添加: (1) 随时为宾客添加。 (2) 当酒瓶中的酒只剩下1/3的量时,询问主人是否再添加。	(1) "先生/小姐,你的酒是否需加热或××?" (2) "先生/小姐,您看黄酒是否还需要再加一瓶?"	(1) 宾客点完酒水后,应尽量快速将酒水送上,避免让宾客等候太长的时间。 (2) 动作利落,商标面对宾客。 (3) 如主人不再加酒,服务员应观察宾客,待其喝完酒,征得宾客同意后,将空杯撤掉。

续表

项 目	规 程	常用语言	标 准
红葡萄酒服务	准备工作： (1)准备好一块干净的白色擦酒布。 (2)将取回的葡萄酒放于靠近餐桌的服务台上。		(1)宾客点完酒水后，应尽量快速将酒水送上，避免让宾客等候太长的时间。 (2)根据宾客要求，准备话梅、矿泉水、柠檬片等。
	红葡萄酒展示： (1)走到主人座位的右侧。 (2)服务员右手持酒瓶颈，左手拇指扣住瓶底，其余四指并拢托住瓶身，呈45度倾斜，商标向上，向主人展示。	"先生/小姐，这是您点的×××酒，请问现在可以打开吗？"	动作利落。
	开启红葡萄酒： 将酒钻垂直钻入木塞，待酒钻完全钻入木塞后，轻轻拔出木塞。	"请稍等。"	开酒瓶时，注意不要旋转酒瓶。
	斟红葡萄酒： (1)服务员右手持红葡萄酒，商标朝向宾客，左手拿干净毛巾，从主宾位开始，按先宾后主、女士优先的原则，依次为宾客斟倒，斟倒时站在宾客的右侧，倒入杯中1/3即可。 (2)每斟完一杯酒须将酒瓶按顺时针方向轻转45度，避免瓶口的酒滴落在台面上，并及时用毛巾擦干瓶口。 (3)为所有的宾客斟完酒后，将酒瓶轻放至离桌边最近的落台上。 (4)红葡萄酒的饮用温度为5℃~24℃，最佳饮用温度为20℃。	"先生/小姐，×××葡萄酒，请慢用。"	(1)酒的商标须朝向宾客。 (2)服务过程中动作要轻缓，避免酒中的沉淀物泛起，影响酒的质量。
	红葡萄酒添加： (1)随时为宾客添加红葡萄酒。 (2)当瓶中的酒只剩下1/3的酒量时，须及时征求主人意见，是否再加一瓶。 (3)如主人同意再加一瓶，服务程序与标准同上。	"先生/小姐，请问您是否需要再来瓶红葡萄酒？"	语调适中，声音清晰。

续表

项 目	规 程	常用语言	标 准
高档葡萄酒服务	高档红葡萄酒展示： (1)走到主人座位的右侧。 (2)服务员右手持酒瓶颈，左手拇指扣住瓶底，其余四指并拢托住瓶身，呈45度倾斜，商标向上，向主人展示。	"先生/小姐，这是您点的×××年份的××葡萄酒，现在可以打开吗？"	(1)高档红葡萄酒的品酒服务，要求动作高雅、大方、轻缓，对宾客所点的葡萄酒要做专业知识介绍，以提升该葡萄酒的价值。(2)让宾客感觉到"品酒"而非"喝酒"。
	开启高档红葡萄酒： (1)左手扶住酒瓶，右手用刀具割开铅封，并用一块干净的口布擦净瓶口。 (2)将酒钻垂直钻入木塞，待酒钻完全钻入木塞后，轻轻拔出木塞。 (3)将木塞放在一个精致的餐碟内，摆放在主人红葡萄酒杯的右侧，间距1~2厘米，便于主人评判酒的储存情况。	"先生/小姐，×××年份的×××葡萄酒，请。"	注意不能将酒瓶上面的皮套划破或者把瓶塞掉进酒里面。
	斟红葡萄酒： (1)服务员右手持红葡萄酒瓶，商标朝向宾客，左手拿干净毛巾，从主人位右侧倒入主人杯中1/5处，请主人品评酒质。 (2)主人认可后，开始按先宾后主、女士优先的原则，依次为宾客斟倒，斟倒时站在宾客的右侧，倒入杯中1/3即可。	"先生/小姐，这是×××年份的×××葡萄酒，请品尝。" "先生/小姐，×××葡萄酒，请慢用。"	注意斟倒的量不能太多或太少(宾客有要求的除外)。
白葡萄酒服务	准备工作： (1)准备好冰桶架、冰桶，并在冰桶中放1/2桶冰块，配一条叠成条状的口布。 (2)白葡萄酒取回后，放入冰桶中，商标向上。	"您好，先生/小姐，这是您点的×××酒，你看现在可以打开了吗？"	宾客点完酒水后，应尽量快速将酒水送上，避免让宾客等候太长的时间。

续表

项　目	规　程	常用语言	标　准
白葡萄酒服务	白葡萄酒展示： (1)将酒倾斜插入冰桶内，连同落地冰桶架移至主人座位的右侧。 (2)把口布折叠成方形。 (3)右手持用口布包好的酒，用左手四个指尖轻托住酒瓶底部，酒瓶呈45度倾斜，站至主人右侧，请主人看清酒的商标。	"先生/小姐，这是您点的×××年份的××葡萄酒，现在可以打开吗？"	与红葡萄酒的展示大致相同。
	白葡萄酒的开启：白葡萄酒的开启程序与红葡萄酒一致。	"请稍等。"	动作利落。
	白葡萄酒的斟倒： (1)从主宾位开始，按照先宾后主、女士优先的原则依次为宾客斟倒，斟倒时站在宾客的右侧，倒入杯中2/3即可。 (2)每斟完一杯酒将酒瓶按顺时针方向轻转45度，避免瓶口的酒滴落在台面上，并及时用毛巾擦干瓶口。 (3)为所有的宾客斟完酒后，将酒瓶轻轻放回冰桶内，配上口布（服务过程中需放在冰桶中冷却）。 (4)白葡萄酒的饮用温度为7℃～13℃，最佳饮用温度为9℃。	"先生/小姐，这是×××年份的×××葡萄酒，请品尝。" "先生/小姐，××葡萄酒，请慢用。"	商标须始终朝向宾客，斟酒时，瓶口不得碰杯口，瓶口离杯口2厘米左右。
	白葡萄酒的添加：(1)随时为宾客添加白葡萄酒，将酒从冰桶中抽出时，应用口布将瓶外侧的水擦干。 (2)当瓶中的酒只剩下1/3的酒量时，须及时征求主人的意见，是否再加一瓶。 (3)如主人同意再加一瓶，服务程序与标准同上。	"先生/小姐，请问是否需再加一瓶？"	如主人不再加酒，即观察宾客，待其喝完酒，征得宾客同意后将空杯撤掉。

续表

项 目	规 程	常用语言	标 准
白酒服务	准备工作:在宾客的左侧放上公杯和白酒杯。		宾客点完酒水后,应尽量快速将酒水送上,避免让宾客等候太长的时间。
	白酒展示:右手持瓶颈,用左手四个指尖轻托住酒瓶底部,站在主人右侧,酒瓶呈45度倾斜,为主人展示白酒。	"您好,先生/小姐,这是您点的××、××度的白酒,请问现在可以打开了吗?"	商标朝向宾客。
	斟白酒: (1)征得宾客同意后,在宾客面前打开白酒。 (2)服务后,左手持毛巾,右手执白酒,按照先宾后主、女士优先的原则,从宾客右侧依次为宾客斟倒。 (3)酒瓶成45度角,瓶口不要碰酒杯,瓶口离杯口距离为2厘米为宜,以免酒水溅出。 (4)酒斟八分满。 (5)倒完一杯时,轻轻转动瓶口,避免酒滴在台面上,并及时用毛巾擦干瓶口。	"先生/小姐,请问您是否需来点白酒?"	商标朝向宾客。
	白酒添加: (1)随时为宾客加酒。 (2)当瓶中酒只剩下1/3的量时,询问主人是否再加一瓶,如主人同意再加一瓶,服务程序与标准同上。	"先生/小姐,请问白酒是否需再加一瓶?"	如果主人不再加酒,应观察宾客,待其喝完酒,征询宾客意见后将空的酒杯撤掉。

续表

项 目	规 程	常用语言	标 准
啤酒服务	斟啤酒： (1)用托盘托着啤酒，依据先宾后主、女士优先的原则为宾客斟啤酒。 (2)提供啤酒服务时，服务员站在宾客右侧，左手托托盘，右手执酒瓶，身体侧站，将啤酒匀速倒入杯中，啤酒应沿杯壁慢慢流下，以减少泡沫，注意泡沫不得溢出杯外。 (3)酒斟八分满。 (4)啤酒最佳饮用温度在7℃左右。	"先生/小姐，请问您需要的啤酒是冰镇的吗？"	倒酒时，酒瓶商标应面对宾客，瓶口不得碰杯。
	啤酒添加： (1)随时为宾客添加。 (2)当只剩下一瓶的啤酒量时，须及时征求主人的意见，是否续加几瓶。	"先生/小姐，啤酒是否需要再加几瓶？"	如主人不再加酒，即观察宾客，待其喝完酒，征得宾客同意后从宾客右侧撤掉空杯。
饮料服务	尽量向宾客推销鲜榨果汁类饮料，服务员填写完饮料单后，到酒水吧台取饮料。	宾客点完毕说："好的，谢谢，请稍等。"	(1)罐装饮料要侧身当着宾客的面打开，斟倒饮料的速度不宜过快，避免含气体的饮料溢出泡沫。 (2)如宾客不需再添加饮料，等宾客喝完饮料，征询意见后从宾客右侧撤走空饮料杯。

续表

项 目	规 程	常用语言	标 准
13.上菜服务			
上热菜	(1)先整理好台面上的菜盘,留好足够的空位,再把热菜放上去。 (2)上最后一道菜时,要轻声告知宾客,菜已上齐,并询问是否需要点主食。	"让你们久等了,这是××菜,它是我们饭店的特色菜,它的原料有……请品尝。"	(1)上第一道热菜前,再将桌上鲜花撤走。 (2)检查菜肴质量是否与宾客所点一致,注意荤素、色彩、造型的搭配。 (3)上(撤)菜,必须在打荷位进行,有转盘的大桌,必须把菜肴旋至主人与主宾之间,退后一步,报上菜名。 (4)上菜不要从宾客的头顶或肩上过,避免汤汁等洒出。 (5)上菜不要从老人或小孩旁边过,避免碰到或烫到小孩。 (6)上有头型、像生拼盘、椭圆形的菜碟上桌时,要注意方向,有装饰花的一律朝向转盘中心。 (7)菜要一道道趁热上,上菜前先整理台面,砂锅、铁板、煲汤类菜,必须上台后开盖,凡有配料的菜,如基围虾、河蟹、青蟹之类的菜食,要先上配料,并紧跟洗手盅。 (8)派菜时,掌握好菜肴分量,件数要均匀,尽量避免响声,如有汤水要用碗盛。
上汤羹及各吃菜	(1)先将整盘菜上桌,然后匀速转到主人与主宾之间,退后一步报菜名。 (2)征询宾客意见后将其撤回落台上,用翅碗或骨碟按人数一一分好,再从主宾位开始每人一份分给宾客。	"这是×××菜,我为你们分一下好吗?" "××菜,请慢用。" (用手示意)	(1)在落台上派,每份分量要均匀。 (2)分羹时,必须盛八分满。 (3)上羹必须跟调羹,勺柄方向朝右侧。

续表

项 目	规 程	常用语言	标 准
整鱼的服务	准备工作:准备派菜用的刀叉,并根据宾客数准备足够的餐盘。		量备足。
	展示与摆放: (1)服务员在打荷位将整条鱼横向摆放在转盘上,鱼头向左,鱼尾向右,鱼肚向外,按顺时针方向转到主人面前,并退后一步报菜名。 (2)征得宾客同意后,将此菜撤下,准备为宾客剔鱼骨或分鱼。		鱼脊不能面向宾客。
	剔鱼骨: (1)服务员左手持餐叉,右手持餐刀,用餐叉轻轻将鱼身上的葱丝等移到菜盘边上。 (2)然后将叉轻轻按在鱼背上,以避免鱼在盘中滑动,但不要叉进鱼肉中,右手的餐刀在鱼头下面切一刀,在鱼尾上切一刀,切到鱼骨刺为止。 (3)用刀叉横向削下鱼肉至鱼尾。 (4)将鱼骨轻轻挑起,放在旁边骨盘中,最后把移到菜盘边上的葱丝重新覆盖在鱼肉上,并淋上汤汁。		动作利落,不能将鱼肉弄碎,从而破坏整条鱼的造型。
	分鱼: (1)一般先切下鱼头、鱼尾,然后加上鱼身的一小块肉,摆在一个餐盘内,并淋上汤汁,给最重要的宾客,表示一整条完整的鱼。 (2)剩下的鱼,根据宾客数,均匀分给其余的宾客。 (3)将分好的鱼按先宾后主、女士优先的原则从宾客的右侧送上。		鱼背向上,且分量大致均匀。
	换骨碟:当宾客用完鱼后,主动征询宾客换上干净的骨碟(避免骨碟内有鱼刺,影响用餐)。		动作利落。

续表

项　目	规　程	常用语言	标　准
锅巴食品的服务	介绍锅巴：宾客点菜问及锅巴食品，服务员应向宾客介绍此菜的特点及服务方式，告知宾客此菜的最后一道制作程序是在宾客餐桌上，由服务员完成。		对相关菜肴知识掌握全面。
	送锅巴食品进餐厅： 当锅巴汁、锅巴分别制作完毕，跑菜员立即用托盘将锅巴汁和锅巴送交餐厅服务员。		尽量快速，保证菜肴的热度和品质。
	提供锅巴食品服务： (1)服务员左手端锅巴盘，右手端锅巴汁碗。 (2)服务员来到宾客餐桌前，告诉宾客，现在为其提供锅巴食品的服务，并将左手的锅巴盘放置在宾客餐桌上。 (3)告知宾客当锅巴汁落在锅巴上时，会发出美妙的声音，并会升腾起大量热气。 (4)再将右手中的锅巴汁淋在锅巴上，倒完后将盛锅巴汁的瓷碗转一下，避免汁滴在餐桌上。 (5)退后一步报菜名，请宾客享用锅巴食品。		动作干净、利落。
吃蟹的服务	准备工作：先为每位宾客分别上好吃湖蟹用的"蟹具"、一次性手套、调料，并根据宾客数准备足够的餐盘。		数量准备充分。
	展示与摆放： (1)服务员在打荷位将整盘湖蟹摆放在转盘上，按顺时针方向转到主人面前，并退后一步报菜名。征询宾客意见后，将此菜撤下，准备为宾客分蟹。 (2)服务员在打荷位端上洗手盅，并委婉说明请用洗手盅。		提醒宾客是洗手盅，避免宾客误用。
	分蟹： (1)根据宾客数，将蟹均匀分给宾客。 (2)按先宾后主、女士优先的原则从宾客的右侧送上。		蟹背向上，且分量大致均匀。
	换骨碟： 当宾客用完蟹，主动征询宾客意见后，撤下"蟹具"并换上干净的骨碟(吃蟹后壳比较多，必须换骨碟)。		动作利落。
	上姜茶： 当宾客用完蟹后，立即为每位宾客端上热姜茶，并介绍说明是吃蟹后暖胃的，因为蟹属寒性食品，这样对身体更好。		一定要向宾客介绍姜茶的作用。

续表

项 目	规 程	常用语言	标 准
14.席间服务			
换烟缸	(1)左手托托盘,右手拿干净烟缸,覆盖在有烟蒂的烟缸上。 (2)将两个烟缸一起撤下,放在托盘上。 (3)重新拿起干净烟缸,放到餐桌原位。	"不好意思,打扰一下,帮您换一下烟缸好吗?"	(1)烟缸中满三个烟蒂要及时更换。 (2)撤换时,烟缸中若有半截未熄灭的香烟,须征得宾客同意后方可撤换。
换骨碟	(1)根据宾客数从落台中取出干净、无破损的骨碟,放入托盘中。 (2)将干净的骨碟叠放在托盘内侧,以免重心不稳。 (3)左手托托盘,右手将脏盘撤下,再换上干净的骨碟。	"不好意思,打扰一下,为您换一下骨碟好吗?"	(1)巡视台面,发现盘内有1/3杂物时需及时更换。 (2)冷菜后上热菜前,吃过汤汁较厚的菜后,荤素菜交替时,上甜点与水果前,需更换骨碟。 (3)右撤右上原则。
整理台面	侧身站在宾客右侧,左手中的托盘应在宾客背后。	"这个可以撤吗?" "这个菜帮您换成小盘可以吗?"	(1)巡视台面,发现空杯、空盘,需征得宾客同意后及时撤掉,不能影响宾客交谈。 (2)菜上不下时,将只剩下少量的菜,换小盘子装。 (3)转盘上有杂物、汤汁时要及时处理。 (4)撤餐具时,托盘内物品应分类摆放,整齐有序。
派点心	(1)侧站在宾客左边,面朝宾客,左手托托盘,右手拿叉和分羹,左脚在前,右脚在后,身体微屈,用叉和分羹夹住油煎或蒸制点心,放入宾客的骨碟中。 (2)有汤水的点心,应先在落台上操作,根据人数分别派于翅碗中,跟上底碟和调羹后从主宾开始,顺时针方向,在宾客右边为宾客送上。	"××点心,请慢用!"	(1)派点心前应先换上干净无破损的骨碟。 (2)按照女士优先、先宾后主的原则,并告知宾客点心的名称。 (3)分派时一次到位。 (4)宾客所点菜上齐时,要轻声告知主人,并询问其是否需要再添加别的菜肴。

续表

项目	规程	常用语言	标准
撤掉餐具	(1)左手托托盘,右手将桌面上多余的餐盘和空酒杯撤入托盘中。 (2)站在宾客右侧为每位宾客换上干净的骨碟。	"不好意思,打扰一下,××菜可以帮您撤掉吗?"	(1)为每位宾客换上干净骨碟并配上水果叉。 (2)上水果前,征询宾客后,撤除用过的餐具和剩余菜肴,动作快速。
上水果	把水果盘放到转盘上,转至主人与主宾之间。	"请各位品尝水果。"	在打荷位上水果盘。
提供打包或存酒服务	(1)打包要使用专用打包盒。 (2)存酒服务要求填写存酒单,并记录存酒档案。	(1)"先生/小姐,请问××菜需要为您打包吗?" (2)"先生/小姐,我们为您提供存酒服务,您的××酒可以存在我们的酒柜中,等您下次来再用。"	须主动征询宾客意见,为其提供服务。
用餐结束	主动询问宾客需求: (1)当宾客所点菜肴已上齐,酒水也基本喝好时,服务员应主动询问主人,是否需要再添加菜肴或主食? (2)如主人决定添加,服务员马上递上菜单,为其添加。 (3)如主人不再添加,则表示感谢,然后询问主人是否可以退掉备用酒水?	"请问是否还须添加些菜肴或主食?"	不要让宾客有被驱赶的感觉。
	上送客茶:询问后得知宾客不需要别的菜食及酒水,也没有立即离去的意思时,服务员应为宾客斟倒送客茶。	"先生/小姐,这是您的茶。""请慢用。" (用手示意)	不要让宾客有被驱赶的感觉。

续表

项　目	规　程	常用语言	标　准
15.结账服务			
宾客要求结账	(1)当宾客要求结账时,服务员立即通知管理人员为宾客打账单结账。 (2)告知管理人员所结账单的台号,检查账单台号、人数、食品及饮品消费额是否正确,并签字确认。	"先生/女士,请稍等。"	账单准确、无误。
现金结账	(1)如宾客付现金,应在宾客面前点清钱数,将账单及现金送交收银员。 (2)收银员收完钱后,结账人员将所找零钱交给宾客。 (3)如果宾客需要发票,立即去收银员处开好相应数目的发票,放入收银夹内送回给宾客。 (4)真诚地感谢宾客。	(1)"先生/女士,请稍等。" (2)"这是您的找零"。	宾客确定所找钱数正确后,结账人员再离开宾客餐桌(由管理人员负责)。
签单	若是协议单位,要弄清宾客身份,确认宾客有签单权后,请宾客将姓名、单位、联系电话一并签上,并真诚道谢,然后迅速将账单交还给收银员。	"先生/女士,请稍等。" "请您出示一下签单卡可以吗?" "请您签字确认一下账单,谢谢"。	检查签名账号是否相符。
信用卡结账	(1)如宾客使用信用卡结账,服务员应请宾客稍候,并将信用卡、身份证和账单送回收银员处。 (2)收银员做好信用卡收据,服务员检查正确无误后,将收据、账单及信用卡夹在结账夹内,拿回至宾客处。 (3)打开结账夹,从宾客右侧递给宾客账单和信用卡收据,并为宾客递上笔,请宾客在信用卡收据上签字,并检查签字是否与信用卡上的签字一致。 (4)将信用卡收据中的宾客存根联及信用卡、身份证递给宾客,并真诚地感谢宾客。 (5)将信用卡收据另外联送回收银员处。	(1)"先生/女士,请您出示一下您的信用卡和身份证可以吗?" (2)"请稍候"。 (3)"这是您的××× ,请收好。"	核对信用卡是否为本饭店特约卡,同时核对信用卡和身份证是否与本人相符,核对签名是否相符。

续表

项 目	规 程	常用语言	标 准
支票结账	(1)如宾客用支票支付,应请宾客出示身份证及联系电话,然后将账单及支票、证件同时送交收银员。 (2)收银员结完账后,记录下证件号码及联系电话,服务员将支票存根联核对后送还给宾客,并真诚地感谢宾客。	(1)"请您出示一下您的身份证……" (2)"请稍候。"	切记按财务规定操作。
结账后的服务	如宾客结账完毕并未马上离开餐厅,而继续交谈时,服务员应继续主动提供服务,为宾客添加茶水、及时更换烟灰缸,并真诚地感谢宾客。		态度真挚、热情。
开发票	宾客结账时如需开发票,服务员应将此信息告知收银员操作。		检查收银员开具的发票抬头、金额是否正确。
送发票	将发票夹在收银信封内,从宾客右侧递上,并再次感谢宾客在本餐厅的消费。	"先生/小姐,这是您的发票,请收好。"	
16.送别宾客	(1)宾客起身时,服务员主动为宾客拉开座椅。 (2)帮助宾客整理衣物。 (3)礼貌地向宾客道别,并目送宾客离去。	"请带好您的随身物品。" "请慢走,欢迎下次光临。"	(1)任何一位服务员遇到宾客离去时都必须礼貌地向宾客道别。 (2)检查台面上/下是否有宾客遗忘或损坏的物品。
17.清理台面	(1)调整座椅,手拿托盘走到餐桌边清理餐具。 (2)先收小毛巾、口布,再收酒杯等易碎品、小件餐具、大件餐具。 (3)用规定的擦布擦转盘,需光洁无异物,如遇转盘较油腻,需用少许热水及洗洁精去除油腻。 (4)服务员站立于餐桌主人位置铺台布。 (5)将擦干净的转盘轻轻放于圆桌的正中间,转动并调整转盘,使转盘中轴转动灵活且无倾斜不平现象。 (6)将脏台布和口布、毛巾同时送到备餐间,并将台布抖干净,放入布草车。		(1)动作迅速、操作轻声。 (2)不要影响其他宾客。

主要参考书目及网站

[1] 傅启鹏. 餐饮服务与管理. 北京:高等教育出版社,1991.
[2] 国家职业资格培训教程. 餐厅服务员. 北京:中国劳动社会保障出版社,2001.
[3] 姜文宏,王焕宇. 餐厅服务技能综合实训. 北京:高等教育出版社,2004.
[4] 李芬,肖长广. 餐巾折花二百例. 北京:中国旅游出版社,1991.
[5] 李勇平. 餐饮服务与管理. 大连:东北财经出版社,2010.
[6] 李勇平. 酒店餐饮业务管理. 北京:旅游教育出版社,2011.
[7] 马开良. 餐饮服务与经营管理. 北京:旅游教育出版社,2010.
[8] 倪桂荣,等. 餐饮服务教程. 沈阳:辽宁科学技术出版社,1994.
[9] 孙忠. 口布折花120款. 北京:金盾出版社,1991.
[10] 汪京强. 中西餐饮服务实训教程. 福州:福建人民出版社,2002.
[11] 中国旅游饭店网,http://www.ctha.org.cn.
[12] 中国烹饪协会网,http://www.ccas.com.cn.
[13] 中国饭店协会网,http://www.chinahotel.org.cn.

责任编辑：孙延旭

图书在版编目(CIP)数据

中西餐服务知识与服务技能／刘敏编著. —— 北京：旅游教育出版社,2014.1(2023.9 重印)
酒店餐饮经营管理服务系列教材
ISBN 978-7-5637-2602-8

Ⅰ.①中… Ⅱ.①刘… Ⅲ.①中式菜肴—餐馆—商业服务—教材 ②西式菜肴—餐馆—商业服务—教材 Ⅳ.①F719.3

中国版本图书馆 CIP 数据核字(2013)第 066620 号

酒店餐饮经营管理服务系列教材
中西餐服务知识与服务技能
刘敏 编著

出版单位	旅游教育出版社
地　　址	北京市朝阳区定福庄南里 1 号
邮　　编	100024
发行电话	(010)65778403 65728372 65767462(传真)
本社网址	www.tepcb.com
E - mail	tepfx@163.com
印刷单位	唐山玺诚印务有限公司
经销单位	新华书店
开　　本	787 毫米×960 毫米　1/16
印　　张	10.75
字　　数	168 千字
版　　次	2014 年 1 月第 1 版
印　　次	2023 年 9 月第 6 次印刷
定　　价	25.00 元

（图书如有装订差错请与发行部联系）